Tango Vitale

Dr. Eva Wlodarek ist Psychologin und Autorin zahlreicher Bestseller. Sie war über 20 Jahre die beratende Psychologin der *Brigitte*. Als »eine der renommiertesten Psychologinnen Deutschlands« (*Cosmopolitan*) ist sie heute in vielen Publikumsmedien eine gefragte Expertin zum Thema Lebenshilfe und arbeitet als Coach und Beraterin für namhafte Firmen.

www.wlodarek.de

Eva Wlodarek

Tango Vitale

Von Schicksalsschlägen und anderen glücklichen Umständen

Campus Verlag
Frankfurt/New York

FSC
www.fsc.org
MIX
Papier aus verantwortungsvollen Quellen
FSC® C006701

ISBN 978-3-593-39253-0

Umschlaggestaltung: total italic, Amsterdam und Berlin
Umschlagmotiv: © getty images
Satz: Campus Verlag GmbH, Frankfurt am Main
Gesetzt aus der Minion und der Myriad
Druck und Bindung: CPI – Ebner & Spiegel, Ulm
Printed in Germany

Dieses Buch ist auch als E-Book erschienen.
www.campus.de

Inhalt

Teil III: Das Schicksal meistern

Teil IV: Das Schicksal beeinflussen

Vorwort

Ein englisches Sprichwort sagt: »It takes two to tango« – zum Tango gehören immer zwei. Das gilt auch für unseren Lebenstanz mit dem Schicksal. Das Besondere ist allerdings, dass dabei ständig wechselt, wer führt. Mal gibt das Schicksal die Richtung vor, mal tun wir selbst den ersten Schritt.

Das Schicksal führt bei Ereignissen im Leben, auf die wir zunächst keinen Einfluss haben. Dazu gehören unter anderem unsere genetische Grundausstattung, Katastrophen, manche Krankheiten, die große Liebe, ein Lottogewinn, eine unerwartete Chance im Beruf, überraschende Begegnungen förderlicher oder schädlicher Art.

Das heißt jedoch nicht, dass wir uns wie willenlose Marionetten herumschwenken lassen müssen. Auch wir können das Schicksal mit eigenen Schritten zu unseren Gunsten lenken: Talente entfalten, selbsterfüllende Prophezeiungen steuern, Gefahren vermeiden, glückliche Umstände anziehen und gute Gelegenheiten im richtigen Moment ergreifen. Sogar Schicksalsschläge lassen sich in Gewinn verwandeln.

Beim Tango mit dem Schicksal lohnt es sich deshalb, Profitänzerin oder -tänzer zu werden. Sie können lernen, mit den Vorgaben des Schicksals souverän umzugehen und selbst Fähigkeiten entwickeln, mit denen sich Ihr Lebenslauf entscheidend bestimmen lässt.

Das nötige Know-how dazu erhalten Sie hier umfassend auf der Basis von wissenschaftlicher Forschung und Praxis. Es kann Ihr Leben verändern. Darf ich Sie also mit Ihrem Schicksal aufs Parkett bitten?

Teil I
Eigenschaften des Schicksals

Das Kaleidoskop des Schicksals

Zum Start müssen wir erst einmal wissen, was das Schicksal überhaupt ist. Bevor wir ins Detail gehen, brauchen wir Antwort auf die Fragen:

- Wie verhält sich das Schicksal?
- Welche Macht steht hinter ihm?
- Welchen Einfluss haben wir?

Allerdings, diese Antworten lassen sich nicht mal eben aus dem Ärmel schütteln. Das weiß ich aus eigener Erfahrung. Schließlich ist es nicht das erste Mal, dass ich mich freiwillig bereit erkläre, am großen Rad zu drehen und mich mit den grundlegenden Dingen des Lebens zu beschäftigen.

Im Frühjahr 1985 war es schon einmal so weit. Ich saß am Schreibtisch und war verzweifelt – und das, obwohl es um das Glück ging. Zu einer Zeit, in der sich die Psychologie noch intensiv mit der dunklen Seite der Gefühle beschäftigte und Depressionen, Ängste, Süchte und Zwänge erforschte, hatte ich mir für meine Dissertation das ungewöhnliche Thema »Glücklichsein« ausgesucht. Und musste feststellen, dass es nicht einmal eine allgemeingültige Definition für meinen Untersuchungsgegenstand gibt. Ob Platon, Buddha, Augustinus, John Stuart Mill oder Sigmund Freud – sie alle definieren Glück entsprechend ihrer Weltanschauung und Disziplin. Das hat sich übrigens bis heute nicht geändert, auch wenn die Glücksforschung dank der Medizin interessante Erkenntnisse gewonnen hat.

Also näherte ich mich dem Glück auf eine Weise, wie sie Professor Robert Spaemann für sein Fachgebiet vorschlägt: »Die Philosophie umkreist das Thema Glück, ohne eine Wissenschaft vom Glück sein zu wollen. Sie ist eine Bemühung um Glück.« Ich entschied mich dafür, auch im Bereich der Psychologie phänomenologisch vorzugehen und das Glück in seinen vielfältigen Formen zu erkunden und zu beschreiben.

Nun stehe ich Jahre später wieder vor dem gleichen Problem. Diesmal heißt die Herausforderung »Schicksal«. Geht's noch eine Nummer größer? Wohl kaum. Das Schicksal (von altniederländisch schicksel, das Gemachte) umfasst schließlich alles, was den Lebenslauf der Menschen beeinflusst. Nachdem ich mich durch das Schicksal in antiken Tragödien, in theologischen und philosophischen Abhandlungen sowie unter historischem Aspekt gearbeitet habe, fühle ich mich ähnlich erschlagen wie beim Thema Glück: Jede Menge Material – und doch gibt es keine Garantie dafür, dass damit das Schicksal endgültig erfasst ist. Deshalb habe ich mich für die Form entschieden, die sich schon beim Glück bewährt hat: Das Schicksal anhand von konkreten Erfahrungen und mit dem Wissen zu erkunden, das uns zur Verfügung steht.

Wie verhält sich das Schicksal?

Betrachten wir also zunächst die wichtigsten Erscheinungsformen des Schicksals, in der Hoffnung, dass sich daraus ein Gesamtbild ergibt. Stellen Sie sich das bitte nicht wie ein Puzzle vor, bei dem sich die einzelnen Teile exakt ineinanderfügen. Die Auswirkungen des Schicksals sind so extrem unterschiedlich, dass sie für unsere Logik einfach nicht zusammenpassen. Eher bilden sie eine Gesamtheit auf die Art, wie sich beim Blick durch ein Kaleidoskop die gebrochenen Facetten zu einem Muster zusammensetzen.

Facette 1: Das allgemeine Schicksal reißt das individuelle mit

Das »große«, allgemeine Schicksal einer Epoche, einer Region oder einer Volksgruppe bestimmt das »kleine« Schicksal des Individuums, sodass dieses kaum noch Bewegungsfreiheit hat. Ganz besonders zeigt sich das unter unglücklichen Bedingungen wie Naturkatastrophen, Hungersnöte, Kriege, Diktaturen, Verfolgung von Minderheiten oder Terroranschläge.

Als sich im August 79 n. Chr. der Vesuv nach seinem 18-stündigen Ausbruch wieder beruhigt hat, sind die meisten Menschen in Pompeji erstickt oder von herabstürzendem Gestein erschlagen worden. Die wenigen, die noch leben, fallen kurze Zeit später Glutlawinen zum Opfer.

Asche-Schnee von gestern? Keineswegs. Trotz allem technischen Fortschritt lassen sich Naturkatastrophen auch heute noch weder völlig vorhersehen noch beherrschen. Frühwarnsysteme sind nur bedingt in der Lage, sichere Voraussagen zu machen. Außerdem ist es äußerst schwierig, Menschen in bedrohten Gebieten rechtzeitig zu informieren, um sie zu evakuieren und so ihr Leben zu retten. Dazu nur ein Beispiel aus jüngster Zeit:

Japan wird im Frühjahr 2011 in der Region Fukushima von einem Erdbeben der Stärke 9 erschüttert. Der damit verbundene Tsunami löst im Atomkraftwerk einen GAU aus. Die radioaktive Verstrahlung reicht bis in die Hauptstadt Tokio mit Millionen Einwohnern. Welche Folgen das Unglück für die betroffenen Menschen hat, ist bis heute nicht absehbar.

Dass das große Schicksal das kleine verschluckt, erfahren wir nicht nur bei Katastrophen, die von der Natur verursacht werden. Noch häufiger erleben wir es bei solchen, die allein von Menschen gemacht sind. In Kriegsgebieten, während Pogromen, Genoziden und Terroranschlägen gibt es für diejenigen, die sich im Zentrum des Schreckens befinden, meist kein Entrinnen.

Bei den Hexenverfolgungen vom 13. bis zum 17. Jahrhundert wurden mit dem Vorsatz, das Böse auszurotten, Tausende Unschuldige gequält und verbrannt. Sie hatten keine Chance, ihrem furchtbaren Schicksal zu entkommen. Ein finsterer Aberglaube, der uns heute nicht mehr betrifft?

In einem Seniorenheim lernte ich Hella Wertheim, eine liebenswürdige alte Dame, kennen. Als junges Mädchen wurde sie mit ihren Eltern in die Konzentrationslager von Theresienstadt, Auschwitz und Lensing verschleppt. Ihr Martyrium hat sie in ihrer Biografie mit dem Titel *Immer alles geduldig getragen* dokumentiert. Darin beschreibt sie ihre Ankunft in Auschwitz: »Der Zug hielt. Männer in Streifenjacken und runden Häftlingskappen sprangen sofort von der linken Seite in den geraden geöffneten Zug, rissen unsere Gepäckstücke an sich und warfen sie hinaus. In meiner Unwissenheit fragte ich einen: ›Wie ist es hier?‹ Da antwortete der Mann nur: ›Rechte Seite Leben – linke Seite Tod.‹« Hella Wertheim sah ihre Mutter nie wieder. Sie wurde auf die linke Seite geschickt, man brachte sie in die Gaskammer.[1]

Einflüsse des von Menschen verursachten allgemeinen Schicksals auf das individuelle reichen bis in die Gegenwart. Wie wäre wohl Ihr Schicksal verlaufen, wenn Sie am 11. September 2001 gerade in einer oberen Etage des World Trade Centers in New York Ihren Job gemacht hätten? Wenn Sie in Madrid am 11. März 2004 in den Nahverkehrszug gestiegen wären? Oder wenn Sie am 22. Juli 2011 auf der norwegischen Insel Utöja Urlaub gemacht hätten? Welche Möglichkeiten hätten Sie, wenn Sie heute in einer Textilfabrik in Bangladesch schuften müssten? Wie sähe Ihr Leben aus, wenn Sie in einem Krisengebiet zuhause wären?

Facette 2: Das Schicksal ist grausam zufällig

Das Schicksal sucht sich seine Opfer offenbar völlig beliebig aus. Die Mutter, die an einem tödlichen Krebs erkrankt und kleine Kinder zurücklässt. Das Mädchen, das zufällig an der Bahnsteigkante steht und von einem aggressiven Betrunkenen vor die einfahrende S-Bahn gestoßen wird. Der Passant, der von einem flüchtenden Bankräuber als Geisel genommen wird. Der erfolgreiche Manager, der seit einer plötzlichen Gehirnblutung geistig und körperlich behindert ist. Warum gerade diese Menschen? Wir finden keine Erklärung. So wenig wie bei diesem Unglück:

Mechthild, Grundschullehrerin aus Minden, und ihr Ehemann Helmut sind auf dem Heimweg zu ihrem Hotel »King George«. In der belebten Touristenmeile von San Franciscos Theaterbezirk dürfen sie sich durchaus sicher fühlen. Schließlich handelt es sich nicht um die New Yorker Bronx oder Washingtons düsteren Nordwesten, wo Drogendealer ihr Territorium mit der Waffe verteidigen. Während die beiden zum Hotel unterwegs sind, verlassen fünf Teenager eine Party. Zwischen ihnen kommt es zum Streit, einer ballert mit seiner Waffe herum. Von den Jugendlichen wird keiner verletzt, doch eine verirrte Kugel trifft Mechthild in die Brust. Sie stirbt im Krankenhaus. Ihr Mann steht unter Schock und kehrt so bald wie möglich nach Deutschland zurück. Ein Journalist kommentiert das Unglück: »Das Furchtbarste mag für ihn und die beiden heranwachsenden Söhne sein, dass aus dem grausam zufälligen Tod kaum eine Lehre zu ziehen ist. Jedenfalls keine, die über die Banalität hinausgeht, dass in jeder Stadt der Welt am falschen Ort zum falschen Zeitpunkt unschuldige Menschen sterben.«[2]

Facette 3: Das Schicksal rettet in Gefahr

Das Schicksal hat nicht nur dunkle Seiten, sondern auch magische, helle. Vielleicht haben Sie es selbst schon erlebt, dass Sie auf wunderbare Weise beschützt oder gerettet wurden. Weil im richtigen Moment jemand zur Stelle war, der Ihnen half. Weil Sie unerwartet aufgehalten wurden und deshalb nicht in Gefahr gerieten. Weil Sie zufällig den entscheidenden Tipp für einen Spezialisten oder ein Medikament erhielten. Manchmal greift das Schicksal sogar auf völlig unerklärliche Weise ein.

Die kleine Marianne, sieben Monate alt, sitzt im Kinderwagen. Weil ihre Mutter als Geschäftsfrau tagsüber keine Zeit hat, geht ein Kindermädchen mit ihr spazieren. Um zum Park zu gelangen, muss man eine stark befahrene Brücke überqueren. Dabei gerät das Kindermädchen zwischen ein Postauto und einen Lastwagen. In Panik lässt es den Kinderwagen los und rettet sich selbst mit einem Sprung auf den Gehweg. Der Kinderwagen wird zwischen den beiden Autos wie eine Pappschachtel zusammengedrückt. Das Kissen, mit dem Marianne zugedeckt ist, fliegt einige Meter durch die Luft und landet auf der Straße. Wie von Zauberhand wird das Kind unversehrt darauf geschleudert. Alle sprechen von einem Wunder.

40 Jahre später kommt Marianne zufällig mit einem Herrn aus ihrem Heimatort ins Gespräch. Dabei stellt sich heraus, dass er in dem Postbus gesessen hat, der damals an dem Unfall beteiligt war. »Wir haben alle geglaubt, das überlebt niemand«, erinnerte er sich.

Für die Wahrheit dieser Geschichte verbürge ich mich auch persönlich: Marianne ist meine Mutter.

Ein ähnlich wunderbarer Vorfall ereignete sich kürzlich in Hamburg. Als ich in der Zeitung davon las, bekam ich eine Gänsehaut und dachte: »Da hat das Schicksal in letzter Minute rettend eingegriffen.«

Der obdachlose Jens hat in einem Papiercontainer in der Nähe einer Fabrik ein Nachtquartier gefunden, hier ist es immerhin warm und trocken. Er hat getrunken, jetzt will er seinen Rausch ausschlafen. Dabei hört er nicht, wie ein Müllwagen auf das Gelände rollt. Er spürt auch nicht, wie die Greifer des Fahrzeugs den Container in die Luft heben. Zusammen mit dem Altpapier fällt der Mann unbemerkt in das Müllfahrzeug. Als sich der Wagen wieder in Bewegung setzt, beginnt die Rotationsschraube im Inneren das Papier zusammenzupressen. Jens schreit um Hilfe, doch bei den lauten Motorengeräuschen kann ihn keiner hören. Kurz bevor seine Beine im Mahlwerk feststecken, hält der Wagen plötzlich an. Das rettet Jens das Leben. Der Fahrer hat den Seitenspiegel eines geparkten Autos gestreift und steigt aus, um den Schaden zu begutachten. Er traut seinen Ohren nicht, als er aus dem Inneren des Wagens Hilferufe hört. Unverletzt, nur mit einer Risswunde an der Stirn, steigt Jens heraus.[3]

Facette 4: Das Schicksal verteilt Geschenke

Das Schicksal zeigt sich manchmal unverhofft großzügig. Wohl deshalb wird Fortuna, die Glücksgöttin der römischen Mythologie, auf Abbildungen gerne mit einem großen Füllhorn dargestellt, aus dem sie üppig und unabhängig vom Ansehen verteilt. Ein Sinnbild dafür, dass das Schicksal in Form von Ruhm oder Reichtum unerwartet Menschen treffen kann, die ohne eine schicksalhafte Wendung niemals dazu gekommen wären.

Wer hätte zum Beispiel geglaubt, dass eine bescheidene Bäuerin, die ihr Leben lang für ein kärgliches Auskommen geschuftet hat, plötzlich berühmt und auf ihre alten Tage wohlhabend wird?

Anna Traunspurger, in eine niederbayerische Bauernfamilie geboren, hat ein hartes Leben. Die Mutter stirbt früh, schon mit acht Jahren muss Anna den Haushalt und ihre Geschwister versorgen. Mit 20 Jahren heiratet Anna den 23-jährigen Landwirt Albert Wimschneider. Elf Tage nach der Hochzeit wird Albert als Soldat eingezogen, der Zweite Weltkrieg hat begonnen. Anna bewirtschaftet den Hof alleine und betreut die pflegebedürftige Verwandtschaft. Meist beginnt sie um zwei Uhr nachts mit der Arbeit. Ihr Mann kehrt schließlich schwer verwundet aus dem Krieg zurück, das Paar bekommt drei Töchter.

Nachdem Anna Wimschneider an Asthma und Diabetes erkrankt ist und schon mehrere Male von einem Priester die letzte Ölung erhalten hat, schreibt sie 1983 ihre Lebenserinnerungen für ihre Kinder und Enkel auf. Auf Umwegen gelangt das Manuskript zufällig an einen Verlag, der es veröffentlicht. Von dem Buch *Herbstmilch* werden mehr als zwei Millionen Exemplare verkauft, es wird erfolgreich verfilmt. Für ihre durch das Buch bekannt gewordene Lebensleistung zeichnet man Anna 1990 mit dem Bundesverdienstkreuz aus.

Facette 5: Das Schicksal bringt an die richtige Stelle

Das Schicksal sorgt häufig durch unerwartete Ereignisse dafür, dass Menschen an diejenige Lebensaufgabe herangeführt werden, für die sie die besten Voraussetzungen mitbringen. Ahnungslos laufen sie so lange in die falsche Richtung, bis das Schicksal sie auf den passenden Kurs bringt. Genau dorthin, wo sie am glücklichsten werden und gleichzeitig ihrer Umwelt mit ihrer Fähigkeit am meisten dienen. Das gilt nicht nur für Ausnahmetalente, sondern ebenso für normal begabte Menschen. Nur fällt es bei außergewöhnlichen – etwa aus dem Bereich Erfindung, Politik oder Kunst – besonders auf. Wohl auch deshalb, weil deren Biografien allgemein bekannt sind.

Ich stand im MOMA in New York und hoffte nur, dass die Menschen um mich herum glaubten, ich wäre erkältet. Es war mir peinlich, aber tatsächlich schniefte ich in mein Taschentuch, weil mir vor Ergriffenheit die Tränen kamen. Das Museum zeigte eine große Retrospektive der Werke von Henri Matisse, einem meiner Lieblingsmaler. Sein Alterswerk, die berühmten gouaches découpées (Scherenschnitte), waren so voller Farben und Licht, wie sie kein noch so guter Druck in einem Kunstbuch wiedergeben kann. Mit beinahe 80 Jahren hatte Matisse eine Technik entwickelt, mit der Schere Formen direkt in leuchtend buntes Papier zu schneiden. Ich konnte mich kaum davon losreißen, so intensiv wirkte die Schönheit auf mich. Dass diese wunderbaren Kunstwerke überhaupt existieren, ist dem Schicksal zu verdanken. Wenn es nicht rigoros eingegriffen hätte, hätte es vermutlich nur einen mittelmäßigen Juristen Matisse gegeben.

Henris Vater führt eine Drogerie und handelt außerdem mit Pflanzensamen. Ihm liegt daran, dass Henri eine gute Schulbildung bekommt, und so schickt er ihn auf ein Gymnasium. Nachdem der Sohn die Schule beendet hat, beschließt er, Jura zu studieren. Im Anschluss beginnt er als Anwaltsgehilfe. Und dann kommt das Schicksal ins Spiel: Nach einer Blinddarmoperation muss Henri ein Jahr lang das Bett hüten. Eine langweilige Angelegenheit für einen jungen Mann. Seine Mutter überlegt, womit er sich wohl die Zeit vertreiben könnte, und bringt ihm, der sich schon nebenbei für Zeichnen interessiert hat, einen Malkasten mit. Das ist die Initialzündung. Wieder genesen, lässt Henri seine Karriere als Jurist sausen, meldet sich in einer Kunstakademie an und widmet sich nur noch der Malerei. Henri Matisse wird einer der bedeutendsten Künstler der Moderne.

Der Blick durch das Kaleidoskop

Wenn wir nun durch das Kaleidoskop blicken, sehen wir leuchtend helle und dunkle Facetten. Das Schicksal kann zärtlich wie eine gute Mutter sein, aber auch grausam wie ein Diktator. Es kann Leben retten und sinnlos zerstören. Es macht unerwartete Geschenke und bringt an die richtige Stelle, notfalls mit Nachdruck.

Glücklicherweise zeigt uns das Schicksal nicht ständig alles, was es kann. Die meisten von uns werden im Laufe ihres Lebens nur selten mit seinen Extremen konfrontiert. Oft gibt es längere ruhige Phasen, in denen das Schicksal sich zurücknimmt und uns glauben lässt, wir hätten es im Griff. Doch dürfen wir uns davon nicht täuschen lassen. Der Blick in das Kaleidoskop des Schicksals zeigt deutlich, dass es jederzeit in positiver und negativer Weise seinen starken Einfluss geltend machen kann. Aber damit ist noch nicht die Frage beantwortet, wodurch denn diese Wirkung erzeugt wird.

Welche Macht steht hinter dem Schicksal?

Aus gutem Grund haben sich die Menschen schon seit Jahrtausenden darüber Gedanken gemacht, wer oder was hinter dem Schicksal steckt. Sobald wir nämlich wissen, womit wir es letztlich zu tun haben, erscheint es weniger bedrohlich. Wir sehen darin eine Möglichkeit, mehr Kontrolle zu erlangen. Dieses Ziel ist bis heute das gleiche geblieben, allerdings haben sich die Ansichten im Laufe der Zeit entscheidend gewandelt.

Unsere antiken Vorfahren personifizierten die Macht hinter dem Schicksal, indem sie ihr die Gestalt von Göttinnen gaben. In der römischen Mythologie sitzen die Parzen Nona, Decima und Morta am Spinnrad. Dabei praktizieren sie Arbeitsteilung. Die eine spinnt den Faden, die andere misst ihn aus, und die dritte schneidet ihn ab. Was das Trio so eifrig produziert, ist das Schicksal der Menschen. Ein ähnliches Dreiergespann ist auch in der griechischen Antike dafür zuständig. Hier sind es die Moiren: Klotho spinnt den Schicksalsfaden, Lachesis teilt jedem vorab sein Los zu, und Atropos ist für die unabwendbaren Ereignisse der Zukunft zuständig. Bei den alten Germanen kümmern sich die Nornen um das Schicksal, ebenfalls drei Frauen, nur dass sie nicht Fäden spinnen, sondern mit dem Weltenbaum Yggdrasil verbunden sind. Im Gilgamesch-Epos heißt es: »Davon kommen Frauen, viel wissende, drei aus dem See, dort unterm Wipfel. Urd heißt die eine, die andere Werdandi; Sie schnitten Stäbe; Skuld hieß die dritte. Sie legten Lose, das Leben bestimmten sie den Geschlechtern der Menschen, das Schicksal verkündend.«[4]

Indem die Menschen der Antike das Schicksal als Göttinnen personifizierten, erhielten sie zumindest indirekt die Möglichkeit, Einfluss zu nehmen. Durch Verehrung und Opfer durften sie darauf hoffen, Wohlwollen zu erlangen.

Im frommen Mittelalter ist das Schicksal gleichbedeutend mit dem göttlichen Willen, in den man sich im wahrsten Sinne des Wortes schicken muss. Angesichts von Willkür und Ungerechtigkeit tröstet der Gedanke, dass Gottes Ratschlüsse unerforschlich sind und für gute Menschen im Jenseits ein Ausgleich wartet. Eine Hoffnung, die auch bitter nötig ist, denn im Spätmittelalter erleben sich die Menschen besonders abhängig von schicksalhaften äußeren Gegebenheiten. Kriege lassen das Volk ausbluten, die Pest wütet in Europa und tötet ein Drittel der abendländischen Bevölkerung. In der ständischen Ordnung gibt es keine Chance für eine Veränderung, jeder Schuster muss bei seinen Leisten bleiben.

In der Wende vom Mittelalter zur Neuzeit begegnet man dann dem Schicksal wesentlich selbstbewusster. Der Übergang lässt sich mit dem Satz charakterisieren: »Vom Fatum zum Factum« – frei übersetzt: Vom Schicksal zum Machbaren. Descartes vertritt die Ansicht, dass die naturwissenschaftliche Erfassung der Welt die Menschen zu »maitres et possesseurs de la nature«, zu ihren Meistern und Besitzern, macht.

Das 18. Jahrhundert markiert den Beginn der Moderne in Europa. In philosophischer Hinsicht wird es von der Aufklärung geprägt. Man entdeckt die Willensfreiheit, das Individuum ist in der Lage, sein Leben selbst in die Hand zu nehmen und zu gestalten. In der zweiten Hälfte beginnt die Industrialisierung, verbunden mit wissenschaftlichem Fortschritt und verbesserten Lebensbedingungen. Viele bedrohliche Ereignisse und erschreckende Phänomene werden erklärbar und verlieren damit ihre Bedeutung als Einfluss unheimlicher Kräfte oder Strafe Gottes. Die Menschen gewinnen immer mehr den Eindruck, sie könnten ihre Umwelt beliebig beherrschen und sich dienstbar machen.

Im 19. und 20. Jahrhundert nimmt der technische Fortschritt dann ungeheuer Fahrt auf. Heute, im 21. Jahrhundert, greifen wir in das Erbgut ein, rotten Infektionskrankheiten aus, zeugen Kinder in vitro und züchten dank der Gentechnik schädlingsresistente Pflanzen, um Hungersnöte zu bekämpfen. Ein weiter Weg von den spinnenden Schicksalsgöttinnen bis zu unserer gegenwärtigen selbstsicheren Einstellung zum Schicksal. Oder doch nicht? Sicher, wir können heute vieles wissenschaftlich erklären und verhindern, was in früheren Zeiten als unabwendbares Schicksal angesehen wurde. Inzwischen erkennen wir auch, dass ein großer Teil des Schicksals von Menschen selbst verursacht wird, wie etwa die Auswirkung des Klimawandels oder das Elend in bestimmten Regionen der Erde. Davon abgesehen sind wir aber in der Kernfrage kaum weiter: Noch immer wissen wir nicht endgültig, welche Macht hinter unserem Schicksal steckt.

Was glauben Sie?

Möglicherweise erheben Sie jetzt Einspruch, weil Sie hundertprozentig davon überzeugt sind, die richtige Antwort zu kennen. Dass das Schicksal von Gott kommt, so wie es im Buch Hiob steht: »Der Herr hat's gegeben, der Herr hat's genommen.« Oder dass der Mensch sein Schicksal gemäß der Lehre des Karma über mehrere Leben hinweg selbst verursacht und erntet, was er sät. Oder dass er durch seine Gedanken und Gefühle das Universum beeinflusst, wobei Sie sich auf einige Erkenntnisse der Quantenphysik berufen. Vielleicht sehen Sie es auch existenzialistisch und meinen, dass es sich um ein bloßes mentales Konstrukt handelt, weil das Dasein ohnehin sinnlos ist. Oder Sie nehmen die Macht des Schicksal gleichmütig als gegeben an, ganz im Sinne der rheinischen Lebensweisheit: »Et kütt, wie et kütt.« Eventuell setzen Sie auf Astrologie und machen die Sterne verantwortlich.

Was Sie für wahr halten, mag Ihnen helfen, Ihr Leben besser zu bewältigen, inneren Frieden zu finden, sich sicherer zu fühlen. Vielleicht gibt es Ihnen das gute Gefühl, die Kontrolle zu haben. Dann hat es gewiss seinen Sinn und seine Berechtigung. Sehr verständlich ist auch, wenn Sie das, womit Sie persönlich gute Erfahrungen gemacht haben, gerne an andere weitergeben möchten.

Nur, was immer Sie als feste Überzeugung anführen – es handelt sich um Ihre subjektive Weltanschauung, deren Wahrheit weder endgültig bewiesen noch widerlegt werden kann.

Es hilft also nichts, wie eh und je gilt: So wenig wie wir sicher wissen, wo das Leben seinen Ursprung hat, wissen wir, welche Macht hinter dem steht, was wir als Schicksal erleben. Der Religionsphilosoph Romano Guardini drückt diese Erkenntnis in seiner poetischen Sprache aus:

»Ich erfahre das Schicksal letztlich als etwas Numinoses. Es ist mit geheimnisvoller Energie geladen und hat Macht über mich. Es ›will‹ etwas von mir, oder wider mich oder über mich hin. Die Notwendigkeiten des Gesetzes bilden den Ausdruck einer Gewalt, die ich nicht beeinflussen kann. In den Tatsachen offenbart sich ein ›Wille‹, der macht, dass sie so seien, ohne mich erkennen zu lassen, warum; und der sie aufrecht hält, wie heftig mein Lebenswille auch gegen sie anrennen mag. Der Zufall endlich, der sich bis zur Sinnlosigkeit zuspitzt, verrät mir, dass die Richtung jener Mächtigkeit mit dem, was mein Geist und Herz als sinnvoll empfinden, nicht übereinstimmt. Letztlich kommen die Bewegungen des Schicksals aus dem undurchdringlich Fremden.«[5]

Welchen Einfluss haben wir auf unser Schicksal?

Bis hierher klingt das noch nicht sonderlich ermutigend. Mit seinen Facetten bestimmt das Schicksal unser Leben im Positiven wie im Negativen. Und was dahintersteckt, wissen wir offenbar auch nicht sicher, wir können es nur glauben. Gibt es also keine Chance für uns, Einfluss zu nehmen?

Mit einer solchen Ansicht bliebe uns nur der Fatalismus. Vertreter dieser Weltanschauung gehen davon aus, dass alles Geschehen durch das Schicksal (lateinisch fatum) oder eine übergeordnete Macht – eine Gottheit, ein Naturgesetz oder eine kosmische Ordnung – unabänderlich bestimmt wird. Fatalisten halten die Fügungen des Schicksals für unausweichlich und meinen, der Wille des Menschen könne dem nichts entgegensetzen. Eine lähmende Vorstellung, die dazu führt, die Hände in den Schoß zu legen.

Die Praxis zeigt aber etwas ganz anderes. Tatsächlich gibt es nur sehr wenige Ausnahmen, in denen sich das Schicksal von uns überhaupt nicht beeinflussen lässt. Bei denen handelt es sich vor allem um die in Facetten beschriebenen schicksalhaften Ereignisse, insbesondere plötzliche Katastrophen und Unglücke mit tödlichem Ausgang, in denen es definitiv keine Chance gibt zu entkommen. In fast allen anderen Fällen aber haben wir die Möglichkeit, mehr oder minder stark Einfluss zu nehmen. Wobei unter »Einfluss« nicht nur ein offensives Handeln zu verstehen ist, sondern auch, wie wir mit dem umgehen, was uns passiert.

Ich gebe dazu gerne Elizabeth Gilbert, Autorin des Bestsellers *Eat, Pray, Love*, das Wort. Sie drückt diese Erkenntnis besonders schön aus:

»Auch das Schicksal empfinde ich als Beziehung – als Wechselspiel göttlicher Gnade und eigener Willenanstrengung. Die eine Hälfte haben wir nicht in unserer Gewalt, die andere liegt gänzlich in unseren Händen, und unsere Handlungen werden messbare Folgen zeigen. Der Mensch ist weder zur Gänze Marionette der Götter noch völlig Herr seines Schicksals; er ist ein wenig von beidem. Wie Zirkusartisten reiten wir durch unser Leben, Artisten, die auf zwei nebeneinander galoppierenden Pferden stehend balancieren – eine Fuß auf einem Ross namens ›Schicksal‹, den anderen auf einem Pferd namens ›freier Wille‹. Und die Frage, die man sich jeden Tag stellen muss, lautet: Um welches Ross sollte ich mich nicht länger sorgen, weil ich es gar nicht mehr unter Kontrolle habe, und welches muss ich weiterhin mit konzentrierter Aufmerksamkeit lenken? Vieles an meinem Schicksal habe ich nicht in der Hand, manches aber fällt durchaus in meine Zuständigkeit.«[6]

Wir dürfen also durchaus selbstbewusst sein. Ganz im Sinne des englischen Sprichwortes »It takes two to tango« haben wir Anteil daran, wie sich unser Schicksal gestaltet. Ohne uns kann das Schicksal nicht tanzen, es braucht uns als Partner.

Der Tanz mit dem Schicksal

Tatsächlich ein passendes Bild: Tango mit dem Schicksal. Schließlich handelt es sich um einen leidenschaftlichen Tanz, bei dem Anziehung und Abwehr eine Rolle spielen. Das Besondere unseres Tanzes mit dem Schicksal ist allerdings, dass ständig wechselt, wer führt. Mal übernimmt das Schicksal die Führung und wir müssen uns anpassen. Mal sind wir es, die die ersten Schritte tun und damit das Schicksal dazu bewegen, sich entsprechend zu verhalten. Entscheidend ist, dass wir genau wissen, wann wir dran sind. Schauen wir uns den Tanz einmal daraufhin an.

Das Schicksal führt bei unserer genetischen Grundausstattung, in Äußerlichkeiten wie Körpergröße und Augenfarbe, aber auch was Begabung und Talente betrifft. Dominant ist es ebenfalls bei allen glücklichen Fügungen, unerwarteten Chancen und Wundern. Das Gleiche gilt für ungeplante Begegnungen mit anderen, den förderlichen wie den schädlichen. Den ersten Schritt macht es bei Katastrophen, ebenso bei Unglücken, wie einem Flugzeugabsturz, unverschuldeten Unfällen und Gefahren, in die wir ahnungslos geraten. Auch bei einigen Krankheiten, zum Beispiel Erbkrankheiten, bittet es als Erstes zum Tanz, und eindeutig bei Geburt und Tod.

Unser Part ist es dann, auf diese Vorgaben zu reagieren und das Beste daraus zu machen. Mit geschickten Schritten können wir nutzen, was uns das Schicksal an guten Gelegenheiten vorgibt. Wir machen sie nicht selbst, aber wir erkennen sie und greifen zu. So beschreibt es zum Beispiel Dietmar Bär, Kommissar im Kölner *Tatort*. Auf die Frage einer Journalistin, ob er vielleicht einen weiteren Karriereschritt im Auge hat, antwortete er: »Oha. Mit dem Wort Karriere tue ich mich schwer. Etwas stößt einem zu, eine glückliche Fügung. Ich ordne mich in meinen Berufsweg als mitgestaltendes Moment ein.«[7]

Sogar Unglück können wir zu unseren Gunsten verändern, frei nach dem Motto: Wenn dir das Schicksal Zitronen serviert, mach Limonade daraus. So mancher hat schon aus einem ursprünglichen Handicap einen Gewinn gemacht. Zumindest haben wir es in der Hand, für ein positives Lebensgefühl zu sorgen. Wie es die Schriftstellerin Ami Tan ausdrückt: »Wenn du das Schicksal nicht ändern kannst, dann ändere deine Einstellung.« Dass das möglich ist, beweisen diejenigen schwerkranken oder körperbehinderten Menschen, die ihre Umgebung mit ihrer Gelassenheit und ihrem Optimismus beeindrucken.

Machen wir unsere Schritte jedoch nicht in der erforderlichen Weise, dann werden wir am Ende verbittert, und unsere äußeren Umstände verschlechtern sich noch mehr. Wir schaffen es sogar, die Geschenke des Schicksals zu zerstören.

Callie Rogers aus Großbritannien ist dafür ein deutliches Beispiel: Das Schicksal zeigt ihr im ersten Schritt seine freundlichste Facette. Die Verkäuferin gewinnt sagenhafte 2,3 Millionen Euro. Und nun kommt

Callies Part: Sie leistet sich schicke Autos und Designerkleidung, kauft teure Geschenke für angebliche Freunde, lässt sich zweimal die Brüste vergrößern und gibt jede Menge Geld für Kokain aus. Die Folgen sind weniger glamourös: Callies Beziehung geht in die Brüche. Sie wird depressiv und versucht sich das Leben zu nehmen. Erst als alles Geld weg ist, ist sie bereit, sich ernsthaft darüber Gedanken zu machen, welche Art zu leben wirklich gut für sie ist.[8]

So weit zu unseren möglichen Reaktionen. Schauen wir uns nun einmal den Wechsel an. Wann ist es denn an uns, den ersten Schritt zu tun, die Führung zu übernehmen und damit das Schicksal in Zugzwang zu bringen?

Wir führen, indem wir uns beruflich und privat Ziele setzen und bereit sind, den Preis für das zu zahlen, was wir uns wünschen. Dazu gehört, dass wir unsere Willenskraft einsetzen und eine positive Einstellung zu uns selbst und unserer Umgebung zeigen. Den ersten Schritt tun wir ebenfalls, indem wir kontinuierlich gute Arbeit leisten und durchhalten, selbst wenn es anstrengend ist. Außerdem gehen wir in Führung, wenn wir für andere Menschen anziehend sind, sei es in Liebe, Freundschaft oder Arbeit. Auch auf seine Gesundheit zu achten heißt, den ersten Schritt zu tun. Natürlich übernehmen wir genauso die Führung, wenn wir das alles nicht tun. Wenn wir nur träumen, ohne zu handeln. Wenn wir unzuverlässig und bequem sind. Oder wenn wir uns so verhalten, dass wir andere abschrecken, etwa durch Egoismus oder Arroganz.

Der Part des Schicksals ist es, auf unsere Schritte – wie immer sie auch aussehen – zu antworten und uns möglichst die entsprechenden Ergebnisse zu präsentieren. Dafür gibt es viele Beispiele, prominente und solche in unserer Umgebung. Im positiven Bereich finden wir etwa Geschäftsleute, deren Fleiß und Kompetenz mit finanziellem Erfolg belohnt wird. Wissenschaftlerinnen, die durch ihre Geduld und Beharrlichkeit wichtige Entdeckungen machen. Männer und Frauen, die dank ihrer liebenswerten Art einen großen Freundeskreis und den Partner fürs Leben gewinnen. Ein besonders spektakulärer Beweis dafür, wie sich das Schicksal durch unsere Schritte positiv beeinflussen lässt, ist der folgende Fall.

John versucht sich als Schriftsteller. Die Zeit dafür muss er sich stehlen, denn er verdient sein Geld als Anwalt. Meist sitzt er schon um halb sechs morgens an seinem Manuskript, bevor der Betrieb in seiner Kanzlei beginnt. An dem fertigen Roman hat nur ein kleiner Verlag Interesse und bringt ihn mit einer Auflage von 5 000 Exemplaren heraus. Das war's auch schon, denn für Werbung fehlen dem Verlag die Mittel. Statt zu resignieren, kauft John 1 000 Exemplare auf, packt sie in sein Auto und verkauft sie an Supermärkte, Büchereien und Tankstellen in kleinen Städten. Nun reagiert das Schicksal: Ein Exemplar landet bei einer Filmproduktion, die will den Roman verfilmen. Plötzlich werden auch die großen Verlage wach. »Danach wurde es verrückt«, erzählt John.

Das kann man bei inzwischen 300 Millionen Büchern weltweit wohl sagen. Sicher kennen Sie den ehemaligen Juristen: John Grisham, Autor von *Die Firma, Die Jury* und weiteren Bestsellern.

Es gibt aber auch Menschen, die anders als Grisham ihre Talente verkümmern lassen. Die überheblich sind. Oder die schließlich erfahren, dass bloße Vorstellungskraft allein doch nicht ausreicht, damit sich ihre Wünsche erfüllen.

Sie sehen, beim Tango mit dem Schicksal lohnt es sich, Profitänzer zu sein. Leider sind wir das nicht automatisch. Manche von uns kennen nur ein paar Schritte, andere treten dem Schicksal ständig auf die Füße. Einige trauen sich gar nicht erst zu tanzen, weil sie sich für ungeschickt halten. Wieder andere glauben, sie hätten diesen Tango höchstpersönlich erfunden, und wollen auch dort dominieren, wo eindeutig das Schicksal die Regeln bestimmt – was dann irgendwann zu einem bösen Erwachen führt. Einige wiederum tanzen schon ganz nett, könnten sich aber mit einem speziellen Training noch enorm steigern. Ob Sie Anfänger oder schon fortgeschritten sind, es empfiehlt sich, einen Tanzkurs zu machen, um ein Spitzenpaar zu werden. Darf ich Sie also mit Ihrem Schicksal auf die Tanzfläche bitten?

Die Magie des Schicksals

Wohl jeder von uns hat schon selbst erlebt, dass das Schicksal Überraschungen jenseits jeder Logik bereithält. Wir könnten natürlich einfach von Zufall sprechen, aber meist empfinden wir das unerwartete Geschehen eher als magisch.

In dem Zusammenhang kam mir die Idee, in meinem Blog einfach einmal ins Blaue hinein um persönliche Geschichten zu bitten, in denen sich das Schicksal von seiner magischen Seite gezeigt hat. Birgit Rüberg, 53, freischaffende Künstlerin aus Köln, war die Erste, die mir ein erstaunliches Erlebnis schilderte.

Bei einem Spaziergang im Park lernt Birgit eine junge Studentin aus China kennen. Im Gespräch stellt sich heraus, dass sie aus Tsingtao, dem Geburtsort von Birgits Mutter stammt; damals gehörte die Stadt noch zur deutschen Kolonie. Darüber hinaus entdecken die beiden, dass die Urgroßmutter der jungen Chinesin 1926 als Hebamme Birgits Mutter zur Welt gebracht hat. Und um das Ganze noch mit einer weiteren Gemeinsamkeit zu toppen: Die junge Chinesin ist in der gleichen Nacht geboren wie Birgits Sohn. Inzwischen sind Birgit und die Studentin befreundet und träumen von einer gemeinsamen Chinareise.

Dieses Erlebnis enthält genau die Zutaten, aus denen das Schicksal seine Überraschungen mixt: Zufall und persönliche Verbindung. Dinge treffen ohne erkennbare Ursache aufeinander und haben dennoch miteinander zu tun. Für solches nonkausales Zusammentreffen von

Ereignissen, die auf irgendeine Weise miteinander verknüpft sind, prägte der 1875 geborene Schweizer Psychologe C. G. Jung die Begriffe »Synchronizität« (griech. Gleichzeitigkeit) und »Koinzidenz« (lat. Zusammentreffen). Im Alltag kommt Synchronizität recht häufig vor. Etwa wenn Sie gerade an jemanden denken, von dem Sie lange nichts gehört haben – und just in dem Moment ruft er an. Als schicksalhaft empfinden wir Synchronizität aber erst dann, wenn sie sich deutlich auf wichtige Lebensbereiche auswirkt wie Liebe, Beruf oder Gesundheit. Auf verschlungenen Pfaden kommt es punktgenau zu einem Ereignis, das unser Leben verändert. Das kann sowohl negativ als auch positiv sein. Aber natürlich wünschen wir uns nur die günstigen Überraschungen.

Das Phänomen der Synchronizität

Manche Menschen sind dank einer Synchronizität an die optimale Arbeitsstelle gelangt, haben den richtigen Arzt oder ein effektives Heilmittel gefunden. Besonders häufig scheint Koinzidenz jedoch beim Kennenlernen eine Rolle zu spielen. Viele Paare können dazu eine Geschichte erzählen.

Karin, Regieassistentin in Hamburg, und Wolf, Wirtschaftsinformatiker aus Aachen, hätten sich auf normalem Wege niemals getroffen, schließlich hatten sie keine gemeinsamen Bekannten, lebten in verschiedenen Städten und hatten beruflich nichts miteinander zu tun.

An dem Abend, der ihr Leben verändern soll, hat Karen eigentlich gar keine Lust, auszugehen, sie möchte sich lieber gemütlich im Fernsehen einen Krimi anschauen. Ihre Freundin überredet sie, mit ihr eine Lesung zu besuchen.

Wolf ist nur für zwei Tage in der Stadt. Auf dem Rückweg von seinem Kunden hört er im Autoradio in den lokalen Kulturnachrichten zufällig von der Lesung. Er kennt die Bücher des Schriftstellers und findet es interessant, ihn einmal persönlich zu erleben. Anstatt den Abend alleine im Hotel zu verbringen, fährt er zu der im Radio angegebenen Veranstaltungsadresse. Sein Navigationssystem lässt ihn einen Umweg nehmen, sodass er etwas zu spät kommt. In der vorletzten Reihe ist gerade noch ein Platz frei: neben Karin. Im Gegensatz zu seinen Romanen ist der Vortragsstil des Autors ziemlich ermüdend. Karin und ihre Freundin verständigen sich flüsternd darauf zu gehen. Wolf, der gerade dasselbe vorhat, nimmt die Gelegenheit wahr und schließt sich ihnen an. An der Garderobe im Foyer kommt man miteinander ins Gespräch und besucht schließlich noch gemeinsam eine Bar.

Das war vor drei Jahren. Heute sind Karin und Wolf verheiratet.

Charakteristisch für positive Synchronizität scheint zu sein, dass sie uns besonders bei der Erfüllung unserer Bedürfnisse und Herzenswünsche zur Hilfe kommt. Sie bringt uns, was wir benötigen, und zwar exakt zum richtigen Zeitpunkt. Manchmal würden wir ohne sie unser Ziel gar nicht erreichen. So hat es jedenfalls Lukas, 26, Doktorand der Biologe, erlebt.

Nach dem Abitur will Lukas in Göttingen studieren. Er hat nicht viel Geld, deshalb kommt für ihn nur ein Zimmer in einer WG oder in einem Studentenheim infrage. Lukas macht sich eifrig auf die Suche, aber alle Wohngemeinschaften sind schon komplett. In der zentralen Vermittlung für Studentenheime nimmt man Lukas auf die Warteliste, macht ihm aber wenig Hoffnung. »Sie dürfen sich gerne immer mal wieder erkundigen«, bietet die Sachbearbeiterin an. Lukas ist verzweifelt. Kurz vor Semesterbeginn ruft er wieder in der Zentrale an. Die freundliche Dame hat immer noch keine guten Nachrichten für ihn. Lukas will schon resigniert auflegen, da sagt sie: »Moment mal, gerade kommt eine Mail ... Sie haben Glück, soeben ist ein Zimmer frei geworden. Wenn Sie mir jetzt sofort Ihre Unterlagen schicken, ist das Ihres.« Noch heute ist das für Lukas ein kleines Wunder.

Die Choreografie des Schicksals

Oft wirkt das Zusammentreffen der Ereignisse sogar wie von langer Hand geplant. Der schwedische Autor Jan Cederquist beschreibt das in seinem Buch *Die Magie des Zufalls* mit einem schönen Bild: »Es scheint, als würden die Koinzidenzen lange im Voraus von einer kosmischen Choreografie in Szene gesetzt.«[9] Manchmal dauert es Jahrzehnte, bis es endlich zum Pas de deux der Beteiligten kommt. Ein beeindruckendes Beispiel dafür hörte ich vor ein paar Wochen, als ich Gast in der SWR-Talkshow *Nachtcafé* zum Thema »Jugendträume – nichts als Seifenblasen?« war.

Sonja Rohde, eine junge Diplom-Kauffrau aus Hagen, erzählte von einem Traum, den sie schon seit ihrer Kindheit hat. »Ich konnte noch nicht mal lesen, als meine Oma mir ein Kinderlexikon schenkte. Stundenlang habe ich mir da die Bilder vom tiefschwarzen All und den Astronauten angeschaut.« Seitdem steht für Sonja fest: Sie will Astronautin werden. Ihre Eltern haben aber andere Pläne für sie, sodass Sonjas Traum, jemals in den Weltraum zu kommen, in weite Ferne rückt.

2005 macht sie Urlaub in Afrika. Eines Abends lernt sie Richard kennen. Man plaudert über dies und das – bis Richard irgendwann von seinen Plänen erzählt. Plötzlich ist Sonja hellwach. Er will demnächst Privatpersonen ins Weltall bringen. Noch ist das Projekt allerdings nicht mehr als eine Computersimulation. Ist Richard nur ein Spinner? Keineswegs. Es handelt sich um Sir Richard Branson, Gründer der Virgin Group, steinreich und einer der letzten Abenteurer unserer Zeit. Immer auf der Suche nach neuen Herausforderungen, hat er das Raumfahrtunternehmen Virgin Galactic gegründet, mit dem Ziel, möglichst vielen Menschen einen Weltraumtrip zu ermöglichen. Branson fragt Sonja, ob sie mitfliegen will. Ohne zu zögern sagt sie begeistert zu. Sofort greift Branson zum Handy und meldet sie an. Als die potenzielle Astronautin nach den Kosten fragt, wird sie wieder auf den Boden der Tatsachen geholt: 200 000 Dollar. Wieder daheim kratzt sie ihre sämtlichen Ersparnisse zusammen und nimmt einen Kredit auf, um sich den Flug ins All leisten zu können.

Inzwischen hat sie sämtliche Vortests in Cape Canaveral erfolgreich bestanden. Wenn alles nach Plan verläuft, soll es in wenigen Monaten losgehen. Dann wird sich Sonjas größter Traum endlich erfüllen. Mit vierfacher Schallgeschwindigkeit wird sie mit dem Space Ship Two als erste deutsche Frau in den Orbit geschossen und in völliger Schwerelosigkeit einen atemberaubenden Blick auf unseren blauen Planeten werfen können.

In der Sendung sagt Sonja Rohde über ihr Zusammentreffen mit Richard Branson: »Diese Begegnung muss Schicksal gewesen sein.«

Synchronizität lässt sich nicht erzwingen, aber manchmal kann man sie mithilfe bestimmter Verhaltensweisen hervorlocken. Die drei wirkungsvollsten sind: Gelassenheit, Intuition und Aufmerksamkeit.

Gelassen bleiben

Als Erstes: Entspannen Sie sich. Wenn Sie nämlich unbedingt etwas erreichen wollen und sich zu sehr anstrengen, wechseln Sie damit auf die gesetzmäßige Seite des Schicksals, in den Bereich von Ursache und Wirkung. Sie entwickeln eine feste Vorstellung, auf welchem Wege das Gewünschte zu Ihnen kommen soll. Etwa so: »Wenn ich dieses schwierige Projekte übernehme, dann werde ich befördert.« »Wenn ich mich mit möglichst vielen Internet-Bekanntschaften treffe, dann finde ich den richtigen Partner.« »Wenn ich besonders aufwändige Events ausrichte, gewinne ich neue Kunden.« Großes Engagement ist sicher sehr oft lohnenswert. Aber nicht in jedem Fall ist es der beste Weg. Vor allem dann nicht, wenn wir uns dabei verkrampfen und einen Tunnelblick bekommen, der uns daran hindert, noch andere Möglichkeiten wahrzunehmen. Da ist es sinnvoller, lockerzulassen. Das heißt nicht, dass Sie sich kein Ziel setzen dürfen – nur wie Sie es erreichen, sollte zunächst offen bleiben. Die magische Seite des Schicksals braucht Freiheit, um sich zu entfalten. Durch Gelassenheit schaffen Sie Platz für unerwartete Geschenke.

Die Innenarchitektin Paulina hat einen Traum: Sie möchte Hotels in Dubai ausstatten. »Das wäre eine wunderbare Herausforderung für mich«, schwärmt sie. »Finanziell aus dem Vollen schöpfen – und das in so herrlicher Umgebung.« Sie ist bereits einmal hoffnungsvoll auf Einladung einer deutschen Bekannten, die dort zur High Society gehört, nach Dubai geflogen, um Kontakte zu knüpfen. »Ich kann bestimmt etwas für Sie tun«, hatte die am Telefon gemeint. Leider waren das leere Versprechungen: Paulina wurde zwar bei einigen reichen Ladies freundlich zum Tee eingeladen, aber von beruflichen Verbindungen war keine Rede. Sie beschloss trotzdem, sich davon nicht entmutigen zu lassen. »Wenn es sein soll, dann wird sich schon ein Weg finden«, sagte sie. »Ich behalte meinen Traum weiter fest im Auge.«

Vor ein paar Monaten sitzt sie im Wartezimmer beim Arzt. Es dauert, weil der Arzt zwischendurch einen Notfall behandeln muss. So kommt Paulina mit einem anderen Patienten ins Gespräch. Beim Stichwort »Hamburger Wetter« stellt sich heraus, dass er hier nur auf Heimaturlaub ist. Ansonsten arbeitet er als Architekt – in Dubai. Im Gegensatz zu der Dame aus Paulinas Bekanntenkreis hat er wirklich gute Kontakte zu der Szene, in die Paulina gerne will. Er gibt ihr seine Visitenkarte. Demnächst fliegt Paulina nach Dubai und trifft sich mit ihm.

Intuition, auch »innere Stimme« oder »Bauchgefühl« genannt, ist das Navigationssystem der Synchronizität. Wo unser Verstand uns vielleicht aus Vernunftgründen abrät oder eine Idee als verrückt abtut, legt unsere Intuition uns oft etwas ganz anderes nahe.

Stellen Sie sich Ihr Unbewusstes wie eine riesige Lagerhalle voll gespeicherter Informationen vor, auf die Sie über Ihre Intuition jederzeit zugreifen können. Psychologen sprechen von »implizitem Wissen«. Daran ist zunächst nichts Geheimnisvolles. Der amerikanische Intuitionsforscher Milton Fisher sagt: »Wenn wir eine Intuition haben, handelt es sich um den Abruf von Informationen, die wir irgendwann über unsere fünf Sinne wahrgenommen und gespeichert haben.« Während die linke Hirnhälfte für logisches Denken zuständig ist, agiert die rechte gefühlsbezogen und ganzheitlich, eben intuitiv – und bringt dabei häufig wesentlich schneller ein optimales Ergebnis hervor. Barry Schwartz, Professor für Sozialtheorie am Swarthmore College in Pennsylvania, hat festgestellt, dass Menschen, die auf ihre Intuition hören, nicht nur mit ihren Entscheidungen, sondern sogar insgesamt mit ihrem Leben zufriedener sind. Außerdem sind sie selbstbewusster und optimistischer als sogenannte Maximizers, die stets auf der Suche nach noch genaueren Belegen für ihre rationale Entscheidung sind. Es lohnt sich also, Intuition zu trainieren:

Sammeln Sie Fakten. Intuition ist ein schnelles Wiedererkennen von einmal Gelerntem, basiert also auf möglichst umfangreichem Wissen. Seien Sie deshalb prinzipiell neugierig und befassen Sie sich gründlich mit Themen, die Sie interessieren.

Überprüfen Sie Ihre Wahrnehmung. »Ich habe den Eindruck, du bist traurig. Stimmt das?« Je öfter Sie erfahren, dass Sie mit Ihrer Vermutung richtig liegen, desto mehr vertrauen Sie Ihrer Intuition.

Nehmen Sie Körperimpulse wahr. Intuition meldet sich oft über den Körper, zum Beispiel als Druck auf den Magen, wenn Ihnen etwas widerstrebt. Oder als Gänsehaut, wenn Sie etwas positiv berührt.

Denken Sie in Metaphern. Intuition benutzt gerne Bilder (»Das ist wie ...«, »Er verhält sich wie ...«). Sie verraten Ihnen eine tiefere Wahrheit über eine Person oder Situation. Ein gutes Training: Im Alltag möglichst oft bildhafte Vergleiche ziehen.

Nehmen Sie Ihre Träume ernst. Sie sind eine nächtliche Variante der Intuition. Falls Sie sich am Morgen noch erinnern, fragen Sie sich: Wie war mein Gefühl im Traum? Was will mir dieser Traum sagen?

Lenken Sie sich ab. Kleben Sie nicht am Problem. Während Sie sich mit anderen Dingen beschäftigen, arbeitet Ihr Gehirn unterbewusst weiter an der Lösung und spuckt sie im unerwarteten Moment als blitzartige Idee aus.

Obwohl sich Intuition weitgehend wissenschaftlich erklären lässt, behält sie doch etwas Geheimnisvolles. Manchmal ist es geradezu, als handele es sich nicht um die eigene innere Stimme, sondern etwas von außerhalb gäbe uns Impulse. Schriftsteller sprechen in dem Zusammenhang davon, dass »es« schreibt. Auch für Erfinder scheinen ihre Ideen oft nicht aus ihnen selbst zu kommen, sondern sind wie ein Input aus einer höheren Sphäre. Wohl aus dieser Erfahrung heraus bezeichnet Henri Bergson, der französische Philosoph und Nobelpreisträger für Literatur, Intuition als »metaphysische Funktion des Denkens«. Impulse dieser Art wirken im ersten Augenblick vielleicht absurd und gegen jede Logik, trotzdem lohnt es sich, ihnen nachzugeben.

Der Galerist Clemens hat immer jede Menge Werbeprospekte im Briefkasten. Normalerweise wirft er die gleich in den Papierkorb. Aber diesmal behält er das Faltblatt für ein neu eröffnetes Möbelhaus auf dem Tisch. Irgendetwas in ihm sagt: »Geh da hin.« Clemens wundert sich über sich selbst, schließlich hat er nicht vor, sich neue Möbel anzuschaffen. Doch die innere Stimme bleibt hartnäckig. Schließlich nimmt sich Clemens vor, bei nächster Gelegenheit in dem Möbelhaus vorbeizuschauen. An einem Montag betritt er das Geschäft. Den eifrigen Verkaufsberater wimmelt er freundlich ab: »Vielen Dank, ich möchte mich nur umschauen.« Ziellos läuft er durch die Ausstellungsräume. Gutes Design, zweifellos, aber was hat er zwischen den Sofas und Couchtischen verloren? In der ersten Etage weiß Clemens plötzlich, warum er hier ist. An den Stellwänden hängen großformatige Gemälde in leuchtenden Farben, deren Ausdruckskraft ihn fasziniert. Aufgeregt wendet er sich an den Verkäufer: »Von wem sind die Bilder?« Er erfährt, dass sie von einem jungen, unbekannten Künstler stammen. »Sein Vater ist mit unserem Chef bekannt, deshalb darf er hier ausstellen«, erklärt ihm der Verkäufer und ergänzt: »Natürlich auch, weil sie zu unserem Stil passen.« Clemens lässt sich die Adresse des Malers geben. Inzwischen ist er sein Galerist.

Aufmerksam sein

Vielleicht ist Ihnen im Kino schon mal aufgefallen, dass Gedanken und Handlungen der Protagonisten gerne mit Symbolen angereichert werden. Während sich die Heldin verzweifelt fragt, ob ihr im Krieg verschollener Geliebter noch lebt, schwenkt die Kamera kurz auf eine geknickte Rose, oder der dramatische Showdown der Gegenspieler kündigt sich in einem heraufziehenden Gewitter an. Damit wird dem Zuschauer auf subtile Weise das Geschehen oder der innere Konflikt verdeutlicht. Was da parallel zur Handlung produziert wird, ist eine künstliche Synchronizität: Eins wird mit dem anderen sinnvoll verknüpft.

Diesen Kunstgriff können Sie auch für den Film Ihres Lebens nutzen. Das erfordert keine blühende Fantasie, denn Ihre Gedanken und Handlungen werden ohnehin ständig von äußeren Realitäten begleitet. Im Radio laufen Popsongs, beim Joggen sehen Sie an der Litfaßsäule ein Plakat, im Briefkasten liegt eine Einladung. Sie brauchen sich also nur aufmerksam umzuschauen und aus dem reichhaltigen Angebot eine für Sie passende Synchronizität herauszufiltern.

Angenommen, Sie stehen vor einer Entscheidung oder Herausforderung. Das Für und Wider haben Sie mit Ihrem klugen Kopf ausführlich erwogen, trotzdem sind Sie keinen Schritt weiter. Dann versuchen Sie es so:

- Formulieren Sie zunächst eine Frage zu Ihrem Problem. Zum Beispiel: »Lohnt es sich, diesen Auftrag anzunehmen?« »Ist das der richtige Partner für mich?« »Soll ich mir eine Eigentumswohnung kaufen?«
- Schauen Sie sich nun aufmerksam um, ob Ihnen etwas in Ihrer Umgebung dazu vielleicht eine Antwort oder einen hilfreichen Hinweis gibt. Das kann ein Gesprächsfetzen sein, den Sie zufällig aufschnappen (»Da habe ich zu ihr gesagt, lass lieber die Finger davon«), die fette Überschrift einer Zeitschrift (»Die Krise hat mich stark gemacht«), eine Liedzeile im Radio (»Ich will doch nur spielen …«). Auch etwas in der Natur kann Sie ansprechen, wie der Anblick eines Vogelschwarms, ein welkes Blatt oder eine träge Katze in der Sonne.

Robert, Allgemeinmediziner mit eigener Praxis, ist überarbeitet und erschöpft. Gerne würde er für ein Vierteljahr aussteigen, macht sich aber Sorgen, dass er dadurch einen zu großen finanziellen Verlust hätte. »Ich glaube, ich habe von meinen Eltern ein extrem starkes Sicherheitsdenken übernommen«, sagt er. »Wenn ich mir nur vorstelle, die Praxis ein paar Monate an eine Vertretung zu übergeben, sehe mich schon auf der Straße sitzen. Dabei habe ich etwas Geld im Rücken.« In einer Mittagspause geht er grübelnd durch den Park in der Nähe seiner Praxis, in dem viele Kastanienbäume stehen. Soll er sich die Auszeit gönnen oder lieber doch nicht? Es ist September. Durch den starken Herbstwind prasseln die stacheligen grünen Kugeln auf den Boden, jede Menge Kastanien kullern ihm vor die Füße. Robert schaut sich das Schauspiel eine Weile an. »Und plötzlich hat es bei mir klick gemacht«, erzählt er. »Auf einmal sah ich, von wie viel Fülle ich umgeben bin. Die Natur ist so verschwenderisch, sie wirft Hunderte von Kastanien ab, von denen vielleicht nicht mal eine zum Baum wird. Ich nahm das als deutliches Signal, endlich meinen Armutswahn loszulassen.«

Diese Wirkung ist durchaus psychologisch erklärbar. Indem Sie etwas Äußeres als Lösungshilfe annehmen, aktivieren Sie damit in Ihrem Unterbewusstsein verborgenes Wissens. Die Aufmerksamkeit für mögliche Zeichen aus Ihrer Umgebung führt zu Gedanken jenseits Ihrer gewohnten Überlegungen und damit oft zu einer passenden Lösung.

Orakel – künstliche Synchronizität

Nach der gleichen Methode funktionieren übrigens auch die meisten Orakel. Sie lassen sich als Ersatz für reale Symbole aus unserem Umfeld nehmen. Im Tarot projiziert man beispielsweise Gedanken und Gefühle auf Bilder. Im chinesischen I Ging werden zunächst drei Münzen geworfen oder markierte Stäbe gezogen. Die sich daraus ergebenden Texte lassen einer persönlichen Ausdeutung genügend Spielraum. Benutzt man ein Pendel, sorgen feinste Muskelbewegungen in den Fingerspitzen verbunden mit gespeichertem Wissen dafür, dass es in eine bestimmte Richtung schwingt. Orakel sind also im

Grunde nichts anderes als eine jederzeit verfügbare Variante künstlicher Synchronizität.

Doch selbst wenn sich die Wirkung von Orakeln damit erklären lässt, bleibt manchmal noch ein Rest Magie. Dann fragen wir uns verwundert, wie das zustande kommt.

Vor einigen Jahren hielt ich für Leserinnen der Zeitschrift *Brigitte* ein Seminar zum Thema »Ich möchte mein Leben ändern«. In der Abschlussrunde bat ich darum, dass jede Teilnehmerin uns ihren ersten konkreten Schritt mitteilt, den sie für die Umsetzung ihrer Pläne tun würde. Dazu hatte ich mir eine kreative Form überlegt: Ich ließ jede Frau verdeckt eine Tarot-Karte ziehen. Nicht als Orakel, um aus der tatsächlichen Bedeutung der Karte die Zukunft zu lesen, sondern als Projektionsfläche, ähnlich wie man beim Rohrschach-Test Tintenkleckse ausdeutet und damit etwas über seine Persönlichkeit und sein Befinden verrät. Eine nach der anderen erzählte, was das Bild auf ihrer Tarot-Karte für sie im Blick auf ihre Pläne bedeutete. Das Ergebnis war höchst interessant: Jede war davon überzeugt, dass sie die genau für sie passende Karte gezogen hatte. Eigentlich war es purer Zufall, welche der 78 Karten sie in die Hand bekommen hatten, aber durch Synchronizität entstand eine individuelle Bedeutung, die den Frauen auf ihrem Weg zur Veränderung besondere Impulse gab. Zwei Teilnehmerinnen waren allerdings über ihren Treffer besonders erstaunt: Die eine hatte die Karte »Die Priesterin« gezogen. Darauf befindet sich eine schöne Frau zwischen zwei Säulen, auf denen die Buchstaben »B« und »J« stehen. Die Initialen dieser Teilnehmerin waren, dreimal dürfen Sie raten, B. J. Die andere Teilnehmerin war das »Problemkind« des Seminars. Sie hatte sich trotz aller Bemühungen unsererseits nicht beteiligt und immer wieder angekündigt, das Seminar zu verlassen. Auf ihrer Karte war – nichts. Sie hatte das weiße Deckblatt gezogen, das mir versehentlich in das Kartenset hineingeraten war. Einfach magisch.

Die dunkle Seite der Magie

So wie es nicht nur heilsame weiße, sondern auch schwarze Magie gibt, hat die schicksalhafte Synchronizität oder Koinzidenz ebenfalls eine zerstörerische Seite. Unerwartet verbinden sich Ereignisse miteinander, die zur Katastrophe führen. Entscheidend ist auch hier vor allem das Timing. Wären die Betroffenen früher oder später am Unglücksort gewesen, wäre ihnen nichts geschehen. Man spricht deshalb oft davon, jemand sei »zur falschen Zeit am falschen Ort« gewesen.

Wie bei der Loveparade 2009 in Duisburg. Ein Tunnel ist der einzige Zugang zu dem weitläufigen Gelände, auf dem Tausende Technofans feiern. Als die Polizei den Tunnel wegen angeblicher Überfüllung des Geländes sperrt, kommt es zu einem Engpass. Der Eingang wird zur Falle für diejenigen, die erst jetzt auf dem Weg zur Party sind und dabei auf jene treffen, die soeben das Fest verlassen wollen. Panik bricht aus. Im Gedränge sterben 16 Menschen, weitere erliegen später ihren Verletzungen in den Krankenhäusern, mehr als 300 werden verletzt. Warum gerade diese Jugendlichen?

Manchmal sind es sogar nur Sekunden, die uns von der dunklen Seite des Schicksals trennen. Ein kurzer Augenblick bewirkt, dass ein Leben erhalten bleibt, während unmittelbar darauf ein anderes zerstört wird.

An einem sonnigen Donnerstagmorgen fährt die Journalistin Anne-Bärbel zusammen mit einer Bekannten auf der Salzburger Autobahn von München in Richtung Chiemsee. Die beiden sind bester Laune und wollen segeln gehen. Doch dann ändert sich schlagartig alles. Ein Geisterfahrer schießt ihnen entgegen. Blitzschnell fädelt sich Anne-Bärbel von der linken in die rechte Spur ein. Sie hat großes Glück. Hätte der Vordermann nicht genau in diesem Moment Gas gegeben, hätte die Lücke zum Einfädeln gefehlt und sie hätte dem Auto des jungen

Drogenabhängigen nicht ausweichen können. So rast es keine 100 Meter hinter ihnen in einen Wagen des Bayerischen Rundfunks – der Unfall kostet Petra Schürmanns Tochter Alexandra das Leben. Anne-Bärbel sagt heute: »Seit diesem Morgen weiß ich, was es heißt, Angst zu haben. Ich brauchte Wochen, um wieder eine Nacht durchzuschlafen. Monate, um nicht mehr jeden Tag an den Geisterfahrer zu denken. Seit jenem Tag bin ich nie wieder an dieser Stelle vorbeigefahren, ohne mich daran zu erinnern, wie schnell das Leben vorbei sein kann. Nicht nur für mich, auch für die Menschen, die ich liebe.«[10]

Intuition und negative Synchronizität

Intuition kann auch im Falle einer Synchronizität oder Koinzidenz mit negativer Auswirkung eine Rolle spielen. Etwa indem sie uns in Form einer Vorahnung auf das unerwartete Ereignis vorbereitet.

Sarah ist Pianistin und nimmt seit Jahren Unterricht bei einem inzwischen pensionierten Musikprofessor. Er hat ihre Karriere von Anfang an intensiv begleitet, und noch immer kann er ihr als erfahrener Mentor gute Hinweise geben. Deshalb kommt sie weiterhin regelmäßig zu ihm, um an Feinheiten zu arbeiten. Zwischen den beiden hat sich im Laufe der Zeit eine vertrauensvolle Beziehung entwickelt, über die sie aber bisher nie gesprochen haben. Ihre Verbindung ist die Musik. Bei ihrem letzten Besuch hat Sarah plötzlich den Impuls, ihren Lehrer zu umarmen und ihm für alles zu danken, was er für sie getan hat. Er zeigt sich etwas verwundert über ihren Gefühlsausbruch, scheint sich aber doch zu freuen. Zwei Tage später erhält sie den Anruf seiner Frau: In der Nacht hat er einen Herzschlag bekommen und ist gestorben. »Das ist wirklich merkwürdig«, wundert sich Sarah. »Ich habe niemals so mit ihm gesprochen – warum ausgerechnet dieses Mal? Es war, als ob ein Teil von mir gewusst hätte, dass wir uns zum letzten Mal sehen. Ohne dass es mir in dem Moment klar war, habe ich Abschied von ihm genommen. Darüber bin ich heute noch froh und dankbar.«

Im günstigen Fall kann uns unsere Intuition sogar vor einem Unglück bewahren. Allerdings müssen wir bereit sein, genau wie im positiven Fall unserer inneren Stimme zu gehorchen, obwohl es uns unsinnig erscheint. Hand aufs Herz, wie würden Sie reagieren, wenn Ihre innere Stimme Ihnen vor dem Check-in sagt: »Steig nicht in diesen Flieger. Lass dich auf die nächste Maschine buchen«? Oder wenn Sie eine eilige Besorgung machen wollen: »Halt, geh nicht in dieses Gebäude.« Und doch gibt es Berichte von Menschen, die darauf gehört haben und auf diese Weise einem Unglück entkommen sind: Das ursprünglich gebuchte Flugzeug stürzte ab, im Kaufhaus brach ein Brand aus, bei dem viele Menschen zu Schaden kamen.

Sinnlose Reue

Während wir die positive Synchronizität gerne annehmen, fällt es uns extrem schwer, die negative zu akzeptieren. Vor allem, weil eine erklärende Ursache dafür fehlt, warum es gerade diese unschuldige Person getroffen hat. Wäre sie leichtsinnig gewesen oder hätte sich falsch verhalten, dann wäre das Ergebnis zwar ebenso traurig, aber immerhin verständlich. So aber quälen sich die Angehörigen und Freunde der Opfer mit der Frage nach dem Warum. Es scheint so sinnlos, so grausam zufällig. Oft quälen sie sich auch mit Vorwürfen, weil sie ihren harmlosen Beitrag zum Geschehen im Nachhinein als Ursache interpretieren. Wie die Mutter, die ihren Sechsjährigen zum Brötchenholen schickt; eigentlich kein Problem für den Kleinen, er muss dazu nicht einmal eine Straße überqueren. Doch an diesem Morgen verliert der Fahrer eines Lieferwagens die Kontrolle über das Steuer, sein Auto gerät auf den Bürgersteig und überfährt das Kind. Es stirbt noch auf der

Straße. Die Mutter ist untröstlich: »Hätte ich ihn doch nur nicht gehen lassen!«

Solche Selbstanklagen sind sinnlos und selbstzerstörerisch. Auch wenn es schwerfällt: Wir müssen aushalten, dass es für manches Unglück auf dieser Welt offenbar keine plausible Erklärung gibt. Oder doch?

Wie passiert Synchronizität?

Ob im positiven oder negativen Sinne, es gibt wohl kaum einen erwachsenen Menschen, dessen Schicksal nicht irgendwann einmal durch Synchronizität eine wichtige Veränderung erhalten hat. Bleibt die Frage: Wie kommt das eigentlich zustande?

Man kann versuchen, Synchronizität mit statistischen und mathematischen Mitteln zu erklären. Wahrscheinlichkeiten sind schließlich berechenbar. Außerdem lassen sich auch hinter einer Synchronizität kausale Zusammenhänge entdecken. In der Liebesgeschichte von Karin und Wolf war Wolf in Hamburg, weil ein Kunde dringend vor Ort seine Hilfe brauchte, das Autoradio schaltete er ein, weil er im Berufsverkehr im Stau stand. Und so weiter. Auch für die Opfer der Loveparade kann man sicher nachweisen, warum sie sich gerade zu diesem Zeitpunkt im Tunnel befanden. Vielleicht war ihre Anreise lang, sie sind unterwegs aufgehalten worden oder mussten früher als ihre Freunde zurück, um sich für eine Klausur am nächsten Tag vorzubereiten.

Zweifellos hat jedes Ereignis Gründe, die ihrerseits wieder auf Ursachen beruhen. Hinter jeder weiteren Ursache taucht eine neue auf. Nur: Wollten wir versuchen, dieses Geflecht bis ins Letzte aufzudröseln, wären wir am Ende völlig verwirrt. Zur Behandlung objektiver Tatsachen ist ein streng wissenschaftliches Vorgehen sicher geeignet, nicht aber in einem Bereich, in dem Subjektivität eine so entscheidende Rolle spielt. Synchronizität hat nämlich immer eine ganz persönliche Bedeutung. Hätte ich anstelle von Sonja mit Richard Branson geplaudert, hätten seine Raumfahrtpläne mir höchstens ein gequältes »Wie interessant« entlockt. Mir wird nämlich schon bei leichter Brise auf einem Segelboot übel. Von schicksalhafter Begegnung wäre da wohl kaum die Rede gewesen.

Synchronizität auf einer mechanistisch-materiellen Ebene zu ergründen bringt uns offenbar nicht weiter. Bezeichnungen wie Cederquists »Kosmische Choreografie« legen eher nahe, dass es so etwas wie einen höheren Einfluss gibt, der sich in Form von Synchronizität auf unser Schicksal auswirkt. Damit verlassen wir allerdings den Bereich wissenschaftlicher Sicherheit. Wir begeben uns auf das Gebiet der Metaphysik, auf dem man überwiegend mit Hypothesen arbeitet.

Hängt alles mit allem zusammen?

Die ältesten Überlegungen finden sich in östlichen Philosophien. Für sie ist alles Sein die Manifestation einer einzigen fundamentalen Identität. So glaubt man im Hinduismus an eine unendliche Realität, die als »Brahman« bezeichnet wird. In den Upanishaden, einer frühen Sammlung philosophischer Schriften, hat Brahman die Bedeutung einer kosmischen Kraft. Brahman ist der Grund aller Materie und Energie, umfasst Zeit und Raum.

Auch der chinesische Taoismus kennt einen umfassenden Urgrund der Welt. Lao-Tse bezeichnet das allem zugrunde liegende Prinzip in seinem Hauptwerk *Tao te king* als »Tao«: »Ein Etwas gibt es, aus dem Chaos geworden, früher als Himmel und Erde entstanden. Ein einsam Stilles, endlos Weites, in sich allein unwandelbar kreisend, sich nie erschöpfend. Des Alls Urmutter könnte man es nennen. Ich kenne seinen Namen nicht. Ich nenne es Tao.«[11] Der Mensch soll das Tao möglichst wenig durch bewusstes Handeln und Streben stören, sondern intuitiv im Einklang mit diesem kosmischen Gesetz leben. Dabei spielt der Grundsatz des »Handelns durch Nichthandeln« (wei wu wei) eine entscheidende Rolle. Nichthandeln bedeutet aber keineswegs Passivität, sondern besagt, dass man sich dem Tao nicht entgegenstellen soll: »So weiß ich denn: Nicht wider die Natur handeln fördert der Dinge Gedeihen.«[12]

C. G. Jung, immerhin der Urheber des Begriffes Synchronizität, war ein Kenner der östlichen Philosophie. So kommt es sicher nicht von ungefähr, dass der Mystiker unter den Vätern der Psychoanalyse über das persönliche Unbewusste hinaus ein kollektives Unbewusstes und einen tieferen Zusammenhang zwischen unserem Innenleben und äußeren Erscheinungen vermutete.

In der Gegenwart scheinen Ergebnisse der Quantenphysik die Vorstellung einer universal gültigen Energie, die sämtliche materiellen und immateriellen Daseinsformen erfüllt und verbindet, zu stützen. Vor allem die sogenannte Nichtlokalität soll sie untermauern: eine Eigenschaft, die sich aus dem Wellencharakter von Quantenobjekten ergibt. Die winzigen Objekte switchen zwischen verschiedenen Zuständen hin und her. Mal sind sie Teilchen, dann wieder Energie. Auch die Heisenberg'sche Unschärferelation wird häufig als Beleg zitiert. Die 1927 von Werner Heisenberg im Rahmen der Quantenmechanik formulierte Theorie besagt, dass zwei Eigenschaften eines Teilchens, Ort und Geschwindigkeit, nicht gleichzeitig genau messbar sind. Das liegt jedoch keineswegs an einem unzulänglichen Messvorgang, sondern in der Natur des Objektes. Mit der Beobachtung ändert es sich. Offenbar gibt es eine Ganzheit, die sich von uns nicht vollständig erfassen lässt.

Großes Interesse vor allem in der Populärwissenschaft erregt außerdem seit den 70er Jahren die Theorie des britischen Biochemikers und Zellbiologen Rupert Sheldrake. Seine an der Universität von Cambridge durchgeführten Forschungen über die Entwicklung von Pflanzen führten ihn zu der Frage, wie denn eigentlich die Form aller

Lebewesen entsteht. Genetische Codes reichten ihm als Erklärung nicht aus, dem Ganzen musste eine Idee oder höhere Informationen über die jeweilige Gestalt zugrunde liegen. Das brachte ihn auf etwas, das er als »morphische Felder« oder auch »morphogenetische Felder« bezeichnet. Als formgebende Ursache sollen sie für die Entwicklung von Strukturen sowohl in der Biologie als auch in der Physik und Chemie zuständig sein. Sheldrake ist davon überzeugt, dass letztlich alles Leben von Energiefeldern geprägt wird, wobei jede Spezies ihr eigenes Feld besitzt. Schlicht gesagt haben Katzen ihr Katzenfeld, Orchideen ihr Orchideenfeld und Amöben ihr Amöbenfeld. Die Feld-Theorie gilt laut Sheldrake ebenso für Menschen. Doch nicht nur unsere äußere Form hat demnach ihren Ursprung in einem morphogenetischen Feld, auch unser Bewusstsein ist Teil davon. Zwar ist es mit dem Gehirn des jeweiligen Individuums verbunden, reicht aber weit darüber hinaus. Zusammen sollen die Energiefelder aller Menschen ein universelles Feld ergeben. Unsere persönlichen Bedürfnisse, Wünsche, Vorlieben, Abneigungen, kurz alle starken Emotionen, bilden eine Energie, die das kollektive Feld zum Schwingen bringt. Sheldrake und seine Anhänger halten für möglich, dass es darauf reagiert und entsprechende Ereignisse inszeniert.

Schön wär's, wenn die vorhandenen Theorien bereits eine hieb- und stichfeste Erklärung für die magische Seite des Schicksals ergäben. Aber dazu sind noch zu viele Fragen offen. So fehlen etwa den Kritikern von Sheldrakes Theorie überzeugende experimentelle Beweise. Auch in der Quantenphysik stoßen Physiker an Grenzen. Harald Lesch, Professor für Astrophysik an der Uni München, zitiert in einem Vortrag Albert Einstein: »Quantenmechanik ist noch nicht das Ende vom Lied, da muss noch mehr dahinterstecken.« Daher sollten wir vorsichtig sein und nicht allzu unbekümmert wissenschaftliche Erkenntnisse dieser Art auf unser Schicksal übertragen. Seriöser ist es, wenn wir uns vorerst dem weisen Ausspruch des Sokrates anschließen: »Ich weiß, dass ich nichts weiß.« Immerhin gibt es Hinweise darauf, dass es sich lohnt, weiter nach den Bedingungen der Synchronizität zu forschen. Denn gewiss hat auch Shakespeare Recht, der seinen Hamlet sagen lässt: »Es gibt mehr Dinge zwischen Himmel und Erde, als eure Schulweisheit sich träumen lässt.«

Die Gesetze des Schicksals

Aus den für uns oft schwer nachvollziehbaren Bewegungen des Schicksals könnte man schließen, dass uns das Schicksal nur willkürlich zuteil wird. Mal zeigt es sich geneigt, mal lässt es uns vor die Wand laufen. Doch ganz so launenhaft ist es nicht. Es gibt einige Gesetzmäßigkeiten, auf die wir uns recht gut verlassen können. Ähnlich wie die Naturgesetze zeigen sie sich im täglichen Leben. Dass unmittelbare Erfahrung tatsächlich eine solide Ausgangsbasis bieten kann, zeigt diese kleine Anekdote – sei sie nun wahr oder gut erfunden: Sir Isaak Newton sitzt entspannt unter einem Apfelbaum und denkt über die Gesetze der Bewegung nach. Just da löst sich ein reifer Apfel vom Ast und fällt dem größten Naturwissenschaftler des 16. Jahrhunderts auf den Kopf. Was bei einem weniger begnadeten Menschen nur eine schmerzhafte Beule hervorgerufen hätte, führt bei Newton zusätzlich zu einer neuen Erkenntnis: Offenbar beruht die Himmelsmechanik auf derselben Ursache wie das Fallen von Äpfeln auf die Erde.

Genaue Beobachtung alltäglicher Phänomene führt uns auch zu den Gesetzmäßigkeiten, die sich auf unser Schicksal auswirken. Allerdings sollten wir ein bisschen vorsichtig sein und nicht gleich alles, was häufig vorkommt und uns plausibel erscheint, als Gesetz bezeichnen.

In diese Falle wäre ich fast getappt. Vor einigen Jahren habe ich mich intensiv mit den allgemeinen Bedingungen beschäftigt, die mit großer Sicherheit dazu führen, dass wir beruflich und privat glücklich und erfolgreich werden. Als Coach und Seminartrainerin habe ich immerhin die besondere Chance, an vielen Lebensläufen überprüfen zu können, welches Verhalten sich positiv auswirkt. Dabei kristallisierte sich zum Beispiel heraus: Es gibt selten etwas umsonst, wir müssen bereit sein, den Preis für unser Ziel zu bezahlen. Oder: Wir dürfen keine Lernstufe überspringen, wenn wir Kompetenz erwerben wollen. Die wichtigsten Bedingungen – insgesamt sind es sieben – habe ich in einem Ratgeber zusammengestellt. Bei der Überlegung, welchen Titel er denn bekommen soll, kam mir spontan »Gesetze des Lebens« in den Sinn. Schließlich handelt es sich um Voraussetzungen, die für viele Menschen gelten. Aber dann bin ich doch sehr schnell bescheiden geworden und habe den Titel *Spielregeln des Lebens* gewählt. Ein Gesetz ist schließlich für alle verbindlich und kennt keine Ausnahme. Damit hat es eine andere Größenordnung als Bedingungen, die zwar weitgehend zutreffen, aber eben doch nicht für jeden und zu jeder Zeit.

Welche Gesetze haben denn nun allgemeine Gültigkeit für unser Leben und also auch für unser Schicksal? Dazu müssen wir nicht das Rad neu erfinden. Die Suche nach der Antwort hat eine lange Tradition. Über die Jahrhunderte beschäftigte sie Philosophen, Alchemisten und Astrologen, Theologen, Religionsstifter ebenso wie Mediziner, Dichter und Psychologen. Die konkreten Ergebnisse stimmen im Kern überein, auch wenn die Formulierung der jeweiligen Disziplin entspricht.

Da gibt es etwa das Gesetz des Wandels, das besagt, dass alles Irdische der Veränderung unterworfen ist. Diesen besonders in der Natur beobachtbaren Prozess von Entstehen und Vergehen brachte schon der griechische Philosoph Heraklit auf die Kurzformel »Panta rhei – alles ist im Fluss.« Ein weiteres bekanntes Gesetz ist das der Polarität: In unserer Welt bedingen sich Gegensätze, wie zum Beispiel Tag und Nacht, Liebe und Hass, Wachen und Schlafen, Gesundheit und Krankheit. Eines gibt es nicht ohne das andere. Für unser Schicksal jedoch besonders wichtig ist das Gesetz von Ursache und Wirkung und das Gesetz der Resonanz, auch »Gesetz der Anziehung« genannt. Über diese beiden sollten wir unbedingt Bescheid wissen. Wenn wir sie nutzen, erhalten wir nämlich zu einem großen Teil die Kontrolle über das, was uns passiert. Wir müssen positive Ereignisse nicht länger allein auf glückliche Zufälle zurückführen und sehen uns in kritischen Situationen nicht mehr unbedingt als unschuldiges Opfer. Schauen wir uns diese beiden Gesetze deshalb doch einmal genauer an.

Das Gesetz von Ursache und Wirkung

Typisch für das Gesetz von Ursache und Wirkung – man spricht auch von Kausalität – ist sein Bumerang-Effekt. Die Folgen guter oder böser Taten treffen am Ende denjenigen, der sie begangen hat. Im Buddhismus und Hinduismus ist dieses Prinzip als »Karma« (Sanskrit »Wirkung, Tat«) sogar eine tragende Säule der Religion. Karma besagt: Jede Tat erzeugt eine Wirkung, die auf den Handelnden zurückschlägt. Dabei spielt auch das Denken eine Rolle, denn entscheidend ist immer die zugrunde liegende Absicht. Im Unterschied zur christlichen Lehre entsteht Karma automatisch durch eine Gesetzmäßigkeit und nicht, indem eine höhere Macht das Handeln als gut oder schlecht beurteilt. Der Mensch hat einen freien Willen und ist von daher für sein Karma selbst verantwortlich. In den indischen Religionen ist die Lehre vom Karma mit dem Glauben an Samsara, den Kreislauf der Wiedergeburten, verbunden. Die Folgen einer Tat müssen nicht unbedingt im gegenwärtigen Leben wirksam werden, sondern zeigen sich möglicherweise erst in einem späteren. So behält das Ursache-Wirkungs-Prinzip über mehrere Daseinsformen hinweg seine Gültigkeit.

So weit müssen wir in unserer westlichen Kultur nicht gehen. Für uns reicht schon ein einziges Leben, um die Auswirkungen von Denken und Handeln festzustellen. Das Wissen darum spiegelt sich in vielen Sprüchen wider: »Wer andern eine Grube gräbt, fällt selbst hinein.« »An ihren Früchten sollt ihr sie erkennen.« »Was man sät, das erntet man.«

In unserem persönlichen Umfeld erleben wir meist hautnah, dass die Ernte der Saat entspricht. Da ist die Boutique-Verkäuferin, die uns aus Umsatzgründen einreden will: »Das trägt man jetzt so«, obwohl die Ärmel des sündhaft teuren Blazers deutlich zu kurz sind. Den Laden betreten wir bestimmt nicht mehr. So wenig wie die Autowerkstatt, in der die Reparatur unseres Autos schlampig durchführt wurde.

Der Zusammenhang von Saat und Ernte gilt natürlich genauso im positiven Sinne. Auch das Gute, das wir tun, kehrt zu uns zurück. Als eine beliebte Professorin durch Intrigen ihrer Kollegen aus der Uni geekelt werden soll, tun sich ihre Studenten zusammen und erreichen, dass sie bleibt. Auch der mittelständische Unternehmer, der in Krisenzeiten aus Fürsorge für seine Mitarbeiter und Mitarbeiterinnen niemanden entlassen hat, obwohl ihm das Wasser bis zum Hals stand, erntet heute die Früchte seine Loyalität. Beim überraschenden Aufschwung seiner Branche hat er erfahrene Fachkräfte, während andere sie händeringend suchen. Und vor einiger Zeit las ich in einer Zeitschrift einen anrührenden Artikel über eine kranke Frau. Als sie noch gesund war, durften ihre Freunde immer auf sie zählen. Sie hörte sich ihren Kummer an, fütterte im Urlaub die Katze und bürgte für jemanden, der sich selbstständig machen wollte. Als sie dann erkrankte und sich nur noch teilweise selbst helfen konnte, sagten ihre Freundinnen: »Sie war immer für uns da, jetzt sind wir für sie da.« Die Frauen arbeiteten einen genauen Plan aus, wann sich jede von ihnen um die Kranke kümmert.

Allerdings schlagen die Folgen des Handelns für Außenstehende nicht immer so offensichtlich auf die Verursacher zurück. Vielmehr sieht es häufig so aus, als ginge es in der Welt ungerecht zu: Sozial Engagierte leiden unter Burnout, statt die verdiente Anerkennung zu erhalten. Das Vertrauen von Gutmenschen wird missbraucht. Mobber gewinnen die Oberhand, Opportunisten machen Karriere, Scharlatane haben einen unglaublichen Erfolg. Doch wenn wir genauer hinschauen, entdecken wir, dass sich die negativen Folgen hier oft einfach nur auf einem anderen Gebiet zeigen. In puncto Macht, Geld oder Status mögen sich solche Menschen zwar als Gewinner präsentieren, dafür leiden sie meist unter gesundheitlichen Problemen, Depressionen, Sucht oder mangelndem Respekt. Dagegen darf man es bei den scheinbaren Verlierern durchaus als positive Wirkung werten, dass sie ein gutes Gewissen haben, ebenso wie die Befriedigung, sich für die eigenen Werte einzusetzen, auch wenn es dafür kein Lob gibt. Nicht zuletzt gilt der Spruch der alten Römer: »Quidquid agis, prudenter agis et respice finem – Was immer du tust, handle klug und bedenke das Ende.« Wir sollten uns bewusst sein, das Ursache und Wirkung zwar manchmal weit auseinanderliegen können, aber eines Tages ist Erntezeit. Spätestens dann lohnt es sich, das Richtige gesät zu haben. Jeder von uns hat die freie Wahl. Doch um sie auch klug treffen zu können, sollten wir schon genau wissen, bei welcher Ursache wir ansetzen müssen. Die liegt nicht immer dort, wo wir sie auf den ersten Blick vermuten.

Die Ursache an der richtigen Stelle suchen

Vieles, was wir als schicksalhafte Wirkung ansehen, hat bei genauerem Hinsehen seinen Ursprung in uns selbst, in unseren Gefühlen und Gedanken. Bevor Sie deshalb vorschnell eine äußere Ursache annehmen, fragen Sie sich bitte: Könnte es nicht auch etwas in mir sein, das mich so reagieren lässt? Nicht alles ist eine echte Ursache, obwohl es auf den ersten Blick so aussieht, als könnten wir die Kausalität eindeutig identifizieren.

Starten Sie doch einmal eine kleine Umfrage unter Freunden: »Woran liegt es, dass es dir gerade gut geht?« Bestimmt erhalten Sie Antworten wie: »Ich habe einen tollen Mann kennen gelernt«. »Weil die Sonne scheint.« »Ab morgen habe ich Urlaub.« Oder erkundigen Sie sich danach, warum sich jemand schlecht fühlt. Dann hören Sie wahrscheinlich so etwas: »Mein Chef nervt.« »Die Handwerker haben mich sitzen lassen.« »Wegen der Finanzkrise fehlen mir Aufträge.« Solche Antworten haben eines gemeinsam: Sie verweisen auf eine Ursache außerhalb von uns selbst. Wir sind es gewohnt, die Gründe für unser Glück oder Unglück auf Menschen oder Situationen zu verlagern. Das ist so typisch, dass es uns schon gar nicht mehr auffällt. Wir nehmen das Offensichtliche an, anstatt den wahren Grund herauszufinden. Das gilt für schöne Ereignisse ebenso wie für unangenehme. Tatsächlich aber verhält es sich in vielen Fällen so, wie es der schwedische Regisseur und Autor Kay Pollak aus eigener Erfahrung für negative Erlebnisse formuliert: »Ich bin nur höchst selten aus den Gründen irritiert, verärgert oder zornig, die ich für ursächlich halte.« Er erläutert diese Einsicht: »Vielleicht hat ein anderer einen empfindlichen Punkt von mir getroffen. Oder es waren meine Ängste, mein mangelndes Selbstbewusstsein, mein Kontrollbedürfnis oder meine fehlende Flexibilität, die mich aus dem Gleichgewicht brachten. In jedem Fall hatte meine Irritation etwas mit meinem Inneren zu tun, das ich nicht sehen wollte oder konnte. Ich reagierte nach dem alten Muster – ich beschuldigte jemand anderen (projizierte), um mein Unbehagen zu unterdrücken. Ich versuchte mir einzureden, dass die Ursache für meine Gefühle außerhalb von mir läge.« Pollack zieht daraus ein bemerkenswertes Fazit: »Kein Mensch kann es erreichen, dass ich mich ärgere. Denn wenn ich mich ärgere, bin ich selbst derjenige, der es so will.«[13]

Neulich im ICE nach Stuttgart ging es mir ähnlich. Ich fand ein Abteil, in dem nur eine Frau saß und Kreuzworträtsel löste. »Super«, dachte ich glücklich, »hier kann ich in Ruhe arbeiten.« Endlich einmal Zeit, ohne Ablenkung ein Fachbuch zu lesen. Das klappte auch hervorragend –

bis in Bremen ein junger Mann mit Laptop zustieg. Er stellte das Gerät an und positionierte sein Handy auf dem Klapptisch. Dann legte er los. Alle paar Sekunden piepte sein Computer, das Mobiltelefon meldete sich mit einer schrillen Melodie. Der junge Mann erklärte einem Kollegen ausführlich, wie er die neue Kundenkartei einrichten soll. Mit meiner Konzentration war es aus. Als er dann noch »Mausilein« detailliert berichtete, wie es gestern Abend bei Manfred war, platzte mir der Kragen. Ich bat ihn, seine Gespräche doch etwas leiser zu führen. Eine Weile klappte das auch, dann fiel er wieder in die alte Lautstärke zurück. Zwischendurch piepste sein Computer munter weiter. Mir reichte es. Mit bösem Blick raffte ich meine Sachen zusammen und verließ das Abteil, um mir einen ruhigeren Platz zu suchen. Schade, dass man die Schiebetüren im Zug nicht knallen kann. Die Ursache für meinen Ärger? Natürlich dieser rücksichtslose Typ!

Stimmt, ich war verärgert. Aber die Ursache war nicht der junge Mann, sie liegt in mir. Ich habe es gerne ruhig und kann mich bei Lärm schwer konzentrieren. Dass es sich um eine persönliche Eigenheit handelt, beweist, dass die Geräusche der Dame mit dem Kreuzworträtsel offenbar nichts ausmachten, sie füllte weiterhin ungerührt ihre Kästchen aus. Wenn die Ursache also letztlich in mir liegt, dann muss ich sie auch dort beheben. Es ist zwar sinnvoll, in so einem Fall die Störquelle zu verlassen, aber möglichst ohne sich zusätzlich über die Rücksichtslosigkeit aufzuregen. Nun ja, ich bin keine Anwärterin auf die Mutter-Teresa-Gedächtnismedaille, ein böser Blick ist schon in Ordnung. Aber ich versuche davon abgesehen bewusst, mich nicht länger zu ärgern.

Indem wir die Ursache in uns selbst entdecken, machen wir uns unabhängig und gewinnen die Kontrolle über das Geschehen, im positiven wie im negativen Fall. Wir erhalten die Möglichkeit, etwas zu verstärken oder zu verändern. Wenn Sie die eigentliche Ursache in sich selbst entdecken, erhalten Sie die Freiheit, unabhängig von äußeren

Gegebenheiten zu bestimmen, ob Sie glücklich oder unglücklich sein wollen.

Bei aktuellem Ärger oder Freude ist es noch relativ leicht, die Ursache in sich selbst zu entdecken. Schwieriger wird es, wenn wir schon länger unter einer bestimmten Wirkung leiden und nur vage vermuten, dass unsere Gedanken und Gefühle die Ursache sein könnten. Zum Beispiel: Sie bekommen zu wenig Anerkennung, haben keine glückliche Partnerschaft oder kennen zu wenig nette Leute. In dem Fall versuchen Sie doch einmal, auf die folgende Weise nach der Ursache zu forschen.

Die Ariadne-Methode

In der zeitlichen Abfolge kommt die Wirkung zwar immer nach der Ursache, doch in Ihren Überlegungen müssen Sie sich nicht unbedingt an diese Reihenfolge halten. Drehen Sie sie einmal um: Sie schauen sich zunächst das Ergebnis an und forschen von da aus nach der Ursache. Ich bezeichne das als die Ariadne-Methode, frei nach der griechischen Sage von Ariadne und ihrer List mit dem Wollfaden:

Die kretische Prinzessin Ariadne gab dem Helden Theseus ein Wollknäuel, damit er aus dem Labyrinth des Minotauros wieder herausfand. Er befestigte ein Ende am Eingang und wickelte es dann Schritt für Schritt ab. Nachdem er das Ungeheuer im Zentrum des Irrgartens besiegt hatte, tastete er sich an diesem Faden entlang zurück ins Freie.

Der »Eingang«, an den Sie Ihren mentalen Ariadnefaden heften, ist die aktuelle Wirkung, mit der Sie unzufrieden sind. Von diesem Status quo aus rollen Sie Ihren Faden ab, das heißt Sie verfolgen zurück, was Sie bisher dazu beigetragen haben. Stellen Sie sich die Frage: Wie habe ich es eigentlich geschafft, diese negative Wirkung zu erzielen?

Wenn Sie ehrlich zu sich sind, kommen Sie sich wahrscheinlich recht schnell auf die Spur. Sollten Sie allerdings an der Stelle einen blinden Fleck haben, dann holen Sie sich Unterstützung, etwa durch Freunde oder eine professionelle Beratung. Vermutlich werden Sie auf eine persönliche Ursache stoßen. Etwa: Sie sind ängstlich. Sie sind nicht diszipliniert genug. Sie sind zu verbissen. Sie haben es versäumt, ein Netzwerk zu knüpfen. Sie lassen sich ungern helfen, wollen alles selbst machen. Sie haben sich nicht genug informiert. Ihnen fehlt Know-how. Sie haben sich mit den falschen Leuten abgegeben. An dieser Ursache können Sie ansetzen, um etwas zu ändern.

Melanie, PR-Beraterin in einer internationalen Werbeagentur, ist dank ihres Engagements und ihrer Fähigkeiten in ihrem Job durchaus erfolgreich. Trotzdem wird sie in der Agentur oft ohne Respekt behandelt und ausgenutzt. Melanie leidet darunter. Endlich beschließt sie, dass es so nicht weitergehen kann, und meldet sich zu einem Coaching an. Zunächst ist es für sie ungewohnt, ihre gegenwärtige Situation als Wirkung zu sehen. »Ich dachte immer, dass die Agentur halt ein Haifischbecken ist.« Doch mit der neuen Sichtweise findet sie auch ihre persönliche Ursache heraus: Sie verhält sich wie ein braves Mädchen und tut, was man von ihr verlangt, lässt sich schicken und meldet keine Ansprüche an. In der folgenden Zeit arbeitet Melanie konsequent daran, die Ursache zu verändern. »Ich habe nichts mehr durchgehen lassen. Zum Beispiel hatte man vergessen, mich auf die Liste für ein wichtiges Event zu setzen. Normalerweise hätte ich das geschluckt, aber diesmal habe ich energisch darauf bestanden.« Allmählich änderte sich die Wirkung, ihre Kollegen begannen, sie ernst zu nehmen. Seit einigen Monaten ist Melanie Leiterin einer eigenen Abteilung.

Unternehmen, was nötig ist, um die Ursache zu beheben – ich weiß, das ist leicht gesagt. Schließlich bedeutet es fast immer, sich von Gewohnheiten zu verabschieden und Neues zu wagen. Aber damit werden Sie auch garantiert eine andere Wirkung als die bisherige erzielen, nach dem Motto: »Wenn du tust, was du immer getan hast, bekommst du auch nur das, was du immer bekommen hast.« Um im Bild zu bleiben: Theseus hat schließlich das Ungeheuer besiegt und aus dem Labyrinth herausgefunden.

Das Gesetz der Resonanz

Der Begriff »Resonanz« (lat. widerhallen) stammt aus der Physik. Das dazugehörige naturwissenschaftliche Gesetz besagt in Kurzform: Schwingungen bringen gleichartig schwingende Körper zum Mitschwingen und verstärken damit die Wirkung.

Das Gesetz der Resonanz lässt sich analog auch auf den Menschen übertragen. Allerdings nicht unbedingt als physikalisches Phänomen nach dem Motto »Alles ist Schwingung«, sondern konkret als eine Art der Wahrnehmung, die mit der entsprechenden Reaktion verbunden ist. Wir nehmen vor allem wahr, was in uns seine Entsprechung findet, seien es Dinge, andere Menschen, Erlebnisse, Erfahrungen, Gedanken oder Emotionen. Aus der Fülle des Angebots suchen wir uns immer das zu uns Passende aus. Der Volksmund hat diese Tatsache in kluge Sprichwörter gefasst: »Man sieht nur, was man sehen will.« »Die Schönheit liegt im Auge des Betrachters.« Besonders bildhaft ist das plattdeutsche »Wat dem en sin Uhl, ist dem annern sin Nachtigall«.

Welche Ausschnitte der Wirklichkeit wir sehen und auf welche wir positiv oder negativ reagieren, hängt von unserer Persönlichkeit ab, von unseren Vorlieben und Abneigungen, unserer Konditionierung durch Erziehung und unserer bisherigen Erfahrung.

Andreas, Dermatologe in einer Gemeinschaftspraxis, ist äußerst genau. Schlamperei bemerkt er sofort und regt sich jedes Mal darüber auf, wenn sein Kollege Markus vergisst, nach der Behandlung die Daten in den Computer einzugeben. Markus hingegen sieht Andreas als

Erbsenzähler: »Entspann dich, die größten Erfindungen sind aus dem Chaos entstanden, denk bloß mal an das Penicillin.«

Verena ist Opernfan. Wenn ein bekannter Sänger in der Hamburger Oper auftritt, gibt sie viel Geld für einen guten Platz aus. Ihre Freundin Margit findet Opern dagegen schrecklich: »Nichts gegen eine schöne Arie, aber ich werde total nervös, wenn die minutenlang auf Italienisch singen ›Ich sterbe, ich sterbe‹, statt sich endlich auf die Bühnenbretter zu legen.«

Durch die Brille unserer spezifischen Wahrnehmung betrachten wir unsere Welt. Genau das besagt die hawaiianische Weisheit »The world is what you think it is«. Oder wie es eine Kollegin von mir kürzlich etwas drastisch ausdrückte: »Dem Reinen ist alles rein, dem Schweine ist alles Schwein.« Es kommt immer darauf an, womit wir innerlich übereinstimmen.

Wir erschaffen unsere Wirklichkeit

Unsere Sicht der Dinge bestimmt auch unser Verhalten. Das wiederum führt dazu, dass wir in unserer Umgebung das aktivieren, was in uns ist. Die folgende kleine Geschichte illustriert das sehr schön.

Ein Reisender kommt an das Tor einer großen Stadt. Davor sitzt ein alter Mann und raucht in aller Ruhe seine Wasserpfeife. Der Fremde beschließt, die Gelegenheit zu nutzen und sich schon mal vorab nach den Verhältnissen vor Ort zu erkundigen. »Sag, guter Mann, wie sind denn die Menschen in dieser Stadt?« Statt zu antworten stellt der Alte eine Gegenfrage: »Wie sind denn die Einwohner der Stadt, aus der du kommst?« »Frage mich bloß nicht nach denen!«, schimpft der Reisende, »das sind ganz unangenehme Leute, streitsüchtig und egoistisch.

Ich bin froh, dass ich dort weg bin.« »Es tut mir leid«, sagt der alte Mann, »aber hier sind die Menschen genauso bösartig.« Wenig später kommt ein anderer Reisender zum Tor. Auch er erkundigt sich danach, wie die Einwohner der Stadt wären. Der alte Mann fragt wie zuvor: »Wie sind denn die Menschen aus dem Ort, von dem du kommst?« Mit leuchtenden Augen erwidert der Fremde: »Oh, sie sind wunderbar. So gastfreundlich und aufgeschlossen. Es ist mir richtig schwergefallen, sie zu verlassen.« »Sei nicht traurig«, brummt der Alte, »in dieser Stadt sind die Menschen genauso liebenswürdig.«

Sie kennen es sicher selbst: Wenn Sie glücklich sind, verhalten sich plötzlich alle, denen Sie begegnen, positiv, und die Dinge fügen sich wie von selbst. Die Marktfrau sucht Ihnen besonders schöne Äpfel heraus, Sie finden im Internet auf Anhieb ein passendes Hotel für Ihren Kurzurlaub. Aber wehe, Sie haben schlechte Laune, dann verwandelt sich Ihre Umgebung blitzschnell in einen Ort voller Widrigkeiten. Ihr Kollege macht eine bissige Bemerkung, am heißen Kaffee verbrennen Sie sich die Zunge. Sie glauben: »Heute hat sich aber auch alles gegen mich verschworen.« Dabei greift in beiden Fällen das Gesetz der Resonanz. Wir ziehen an, was in uns ist und was wir deshalb ausstrahlen. Aus diesem Grund wird es auch häufig als Gesetz der Anziehung bezeichnet.

Resonanz und Schicksal

Julia hat ein Catering-Unternehmen. In einer Stadt wie Hamburg ist die Konkurrenz in dieser Branche recht groß. Trotzdem ist Julia ständig ausgebucht. Demnächst will sie sogar ein kleines Bistro eröffnen, in dem man die Leckereien auch an Stehtischen kosten kann. Ihr Erfolgsgeheimnis: Sie liebt ihre Arbeit, und das spüren die Kunden. Sie lesen es an der fantasievollen Dekoration der Speisen ab, an der Qualität der verarbeiteten Lebensmittel, an der Aufgeschlossenheit, mit der Julia auf Sonderwünsche eingeht. Das alles bewirkt eine positive Resonanz, die sich als Mundpropaganda zeigt.

Wie im Positiven haben wir vermutlich auch unsere Finger im Spiel, wenn uns unangenehme Dinge geschehen. Das wurde mir vor kurzem wieder deutlich, als ich im Fernsehen eine Dokumentation über Viktimologie sah, einer Sparte der Kriminologie, die sich mit den Opfern von Straftaten beschäftigt. Freiwillige Versuchspersonen waren ein junger Mann, der schon mehrfach auf der Straße überfallen worden war, und fünf weitere Männer, die ihm von Alter, Größe und Statur ähnelten. An ihnen wurden von Kopf bis Fuß Marker befestigt, die im Dunklen leuchteten. Außerdem nahm eine Gruppe von ehemaligen Gefängnisinsassen teil, die wegen Körperverletzung und Raub eingesessen hatten. Ihre Aufgabe sollte es sein, unabhängig voneinander denjenigen der sechs jungen Männer zu benennen, den sie während ihrer kriminellen Vergangenheit am ehesten überfallen hätten. Sie durften die Versuchspersonen zunächst nicht sehen. Nun begann das eigentliche Experiment: Die sechs jungen Männer wurden in einen stockfinsteren Raum geführt. Man konnte sie im Dunkeln nicht erkennen, sondern sah nur Gestalten mit Leuchtpunkten, ähnlich wie phosphorizierende Skelette in einer Geisterbahn. Sie wurden aufgefordert, einzeln nacheinander im gleichen Tempo von einer Ecke des Raumes in die andere zu gehen. Für die Juroren bekam jeder von ihnen eine Nummer. Nachdem die Versuchspersonen durch den Raum gegangen waren, fällten die Beobachter ihr Urteil. Als sie anschließend ihre gewählte Nummer miteinander verglichen, ergab sich: Alle hätten am ehesten die Nummer vier überfallen: den jungen Mann, den es auch in der Realität mehrfach getroffen hatte. Als Begründung gaben sie an: Bei der Nummer vier hätten sie am wenigsten Gegenwehr zu erwarten. Tatsächlich war auch mir vor dem Bildschirm aufgefallen, dass eine der Versuchspersonen sich unsicherer bewegte als die anderen. Offenbar drückten sich Ängstlichkeit und Mangel an Selbstvertrauen in Körperhaltung und Bewegung aus. Damit wurde die Resonanz zu einer kriminellen Handlung hergestellt.

Wir können froh sein, wenn sich die negativen Erlebnisse in unserem Leben bisher harmloser gestaltetet haben. Und es bedeutet selbstverständlich nicht, dass alle Opfer von Verbrechen an ihrem Opferdasein selbst schuld sind. Aber das Experiment zeigt besonders eindringlich, wie lohnend es ist, einmal über den eigenen Beitrag zum Geschehen nachzudenken

Die Umwelt ist Ihr Spiegel

Wenn Sie Ihr Schicksal mithilfe des Resonanz-Gesetzes beeinflussen wollen, müssen Sie sich gut kennen lernen. Je bewusster Sie sich Ihrer selbst sind, desto klarer sehen Sie Ihren Anteil an dem, was Ihnen widerfährt. Nützlich ist dabei die Rückmeldung anderer Menschen. Mit ihrer Reaktion auf uns spiegeln sie offen oder indirekt wider, wer wir sind und wie unser Verhalten ankommt. Ist das Feedback positiv, sollten Sie es dankbar aufnehmen. Offenbar sind Sie auf dem richtigen Weg und dürfen gerne so weitermachen – vorausgesetzt, Sie fühlen sich auch selbst wohl damit. Es geht nicht darum, dass Sie sich durch Zustimmung dazu verführen lassen zu tun, was andere wollen. Aber keine Sorge, Sie werden den Unterschied ganz bestimmt spüren. Ein echtes positives Feedback macht einfach froh und glücklich, das Herz geht einem dabei auf. Weniger einfach ist es, wenn die Rückmeldung negativ ausfällt. Dann sind wir leicht versucht, unsere Schwäche auf andere zu projizieren.

Wie schwer es ist, mit negativem Feedback umzugehen, erlebte ich vor kurzem als Gasthörerin bei einem Vortrag. Das Publikum, etwa 300 Personen, bestand aus Mitarbeitern und Mitarbeiterinnen eines Konzerns, die sich praktische Hinweise für ihr Arbeitsgebiet erhofften. Im Programm war die Referentin als versierte Rednerin angekündigt worden. Bedauerlicherweise fand sie trotzdem keine Resonanz bei ihren Zuhörern. Mir war bald klar, warum: Ihre leichtfüßigen Ausführungen und blumigen Beispiele gingen an der Arbeitsrealität der Angestellten völlig vorbei. Einige standen auf und holten sich einen Kaffee vom Buffet, viele begannen, sich mit ihren Nachbarn zu unterhalten, der Lärmpegel stieg. Unbeirrt fuhr die Referentin in ihrem Vortrag fort. Dabei betonte sie mehrfach ihre Kompetenz auf dem Gebiet der Präsentation und verwies immer wieder auf ihre jahrelang erworbene Eignung in Sachen Rhetorik. Ich kann ihr nur wünschen, dass sie sich nach dem Vortrag selbstkritisch gefragt hat: »Womit genau habe ich diese Resonanz bewirkt?«

Das Schöpfer-Experiment

Um einen Überblick über die eigene Resonanz zu erhalten, probieren Sie es doch einmal mit einer Fantasieübung: Angenommen, Sie hätten alles, was Sie umgibt, selbst geschaffen. Sind Sie damit zufrieden?

- Gefällt Ihnen Ihre Wohnungseinrichtung?
- Haben Sie den richtigen Partner oder die richtige Partnerin?
- Haben Sie einen Beruf, der Ihnen Freude macht?
- Haben Sie nette Kolleginnen, Kollegen, Kunden?
- Verdienen Sie genügend Geld?
- Haben Sie so viele gute Freunde, wie Sie möchten?
- Tragen Sie die Kleidung, die Ihnen gefällt?
- Behandelt man Sie so, wie Sie es sich wünschen?
- Haben Sie genügend Zeit für sich?
- Erleben Sie, was Sie interessiert, zum Beispiel Reisen, Einladungen, kulturelle Events?

Ihre Antworten zeigen nicht nur, was Ihnen das Schicksal geschenkt oder verweigert hat, sie geben auch einen Hinweis auf Ihre Stärken und Schwächen. Ich behaupte keineswegs, dass wir mit dem Gesetz der Resonanz das Geheimnis entdeckt haben, wie wir alles, was wir uns wünschen, in unser Leben ziehen und damit unser Schicksal komplett bestimmen können. Aber machen Sie sich bewusst, dass Sie durch Resonanz zumindest einen großen Einfluss darauf haben. Wie eine chinesische Weisheit sagt: »Du kannst nicht verhindern, dass die Vögel der Sorge über deinem Kopf kreisen, aber du kannst verhindern, dass sie dort Nester bauen.« Das möchte ich ergänzen: »Wenn die Vögel der Freude und des Glücks über deinem Kopf kreisen, dann kannst du dafür sorgen, dass sie dort Nester bauen.«

Teil II
Bausteine des Schicksals

Alles nur vererbt?

Stellen Sie sich das Schicksal wie einen genialen Architekten vor, der noch so interessante Projekte entwerfen kann – ohne das passende Material gelingt es ihm nicht, sie zu verwirklichen. Die Bausteine, mit denen das Schicksal arbeitet, sind unsere individuellen Eigenschaften. Es kann sich nur dessen bedienen, was wir als Person zu bieten haben. Dabei stellt sich sofort eine wichtige Frage: Was spielt dabei die größere Rolle, unsere angeborenen Eigenschaften oder das, was wir von frühester Kindheit an erlebt haben?

Diese Frage beschäftigt die Forschung schon seit langem. In der Vergangenheit wurde die Debatte häufig in der extremen Form eines »Entweder-oder« geführt. Ein Befürworter dieser Gegensätze war der Naturforscher und Schriftsteller Francis Galton. Angeregt von dem Werk *Ursprung der Arten* seines Cousins Charles Darwin brachte er die Kontroverse auf die griffige Formel »Nature versus Nurture – Natur gegen Kultur«. Dabei sind unter »Nature« sämtliche vererbten Anlagen zu verstehen, »Nurture« umfasst den Einfluss der Umwelt, also die menschlichen Erfahrung.

Inzwischen hält die Forschung die in dieser Formel aufgestellte Gegensätzlichkeit für unfruchtbar. Man hat erkannt, dass Anlage und Umwelt einander beeinflussen. So konterte der kanadische Psychologe Donald Hebb auf die Frage eines Journalisten, ob denn nun eher die Vererbung oder die Umwelt eine Rolle spiele, mit einer Gegenfrage: »Was ist für die Fläche eines Rechtecks wichtiger, die Länge oder die Breite?« Doch obwohl die Wechselwirkung allgemein akzeptiert ist, herrscht keineswegs Frieden zwischen den Vertretern beider Richtungen. Der Streit geht darum, wo der Schwerpunkt zu setzen ist. Die Entscheidung hat nicht nur Auswirkung auf soziale Bedingungen, sondern auch darauf, inwieweit wir unser Schicksal beeinflussen können. Schließlich handelt es sich um die Frage, wie festgelegt unsere Persönlichkeit ist.

Noch Mitte der 60er Jahren lernte ich als Studentin in Pädagogikvorlesungen, dass die Umwelt den entscheidenden Einfluss hat: Ein Kind kommt als unbeschriebenes Blatt zur Welt, das man durch Erziehung nach Belieben formen kann. Unterstützt man vor allem das Sozialverhalten, ergibt das im Endeffekt eine kleine Mutter Teresa. Füttert man es schon im Bauklötzchen-Alter mit naturwissenschaftlichen Fakten, so wird es später auf diesem Gebiet ein Profi. Grundlage dafür war der Behaviorismus mit seinem Credo: Durch Belohnung bei richtigem Verhalten und Strafe bei falschem lässt sich jede gewünschte Verhaltensweise verstärken. Das klingt zwar fatal nach Gehirnwäsche, diente aber seinerzeit durchaus positiven Zielen. Die Theorie regte dazu an, Chancengleichheit herzustellen und Kinder zu fördern. Nur war sie zu einseitig. Hätten in der Vorlesung überwiegend Mütter oder Väter gesessen, dann wäre garantiert sofort Einspruch gekommen. Eltern lernen nämlich durch eigene Erfahrung, dass Kinder keineswegs nur das Produkt ihrer Umwelt sind, sondern schon bei der Geburt eine Menge Eigenschaften mitbringen.

Britta, Illustratorin und Mutter zweier Kinder, muss noch heute über ihre Naivität lachen: »Colin, unser Ältester, ist still und ein bisschen schüchtern. Schon als kleiner Junge beschäftigte er sich gerne selbst, wir konnten ihn problemlos überall mit hinnehmen. Der Sohn meiner Freundin Valentina dagegen war ein richtiger Rabauke. Wenn Philipp bei uns war, mussten wir das Porzellan in Sicherheit bringen. Heimlich dachte ich, dass meine Freundin ihren Sohn einfach nicht ordentlich erzieht – bis wir vier Jahre später noch eine Tochter bekamen. Anna ist eine wilde Hummel. Seit wir sie haben, weiß ich: Erziehung ist nicht alles. Die Kinder bringen ihr Temperament mit auf die Welt, da kannst du als Mutter gar nichts machen.«

Die Big Five

Tatsächlich verlor der Behaviorismus schließlich an Bedeutung, was nicht zuletzt auch daran lag, dass das simple Reiz-Reaktions-Schema der Komplexität menschlicher Lern- und Entwicklungsprozesse nicht gerecht wird. Statt auf die Umwelteinflüsse verlagerte sich das wissenschaftliche Interesse auf angeborene Eigenschaften. Dieser Umschwung war vor allem den neuen Erkenntnissen der Genetik, Molekularbiologie und Gehirnforschung geschuldet, doch auch die Psychologie hatte ihren Anteil daran. In der Persönlichkeitspsychologie bemühte man sich seit langem, grundlegende Dimensionen herauszufinden und zu messen, mit denen sich die individuellen Unterschiede von Personen möglichst vollständig erklären ließen. Dazu filterte man mit statistischen Verfahren aus einer umfassenden Liste von Adjektiven diejenigen heraus, die sich zur Beschreibung stabiler individueller Persönlichkeitszüge eigneten. Am Ende ergaben sich fünf Faktoren: die »Big Five« der Persönlichkeit.

Auf dieser Grundlage entwickelte der Psychologe Robert McCrae vom National Institute of Aging in Baltimore zusammen mit seinem Kollegen Paul Costa Ende der 80er Jahre einen international gebräuchlichen Persönlichkeitstest, das Fünf-Faktoren-Inventar (NEO-FFI). McCrae war davon überzeugt, dass die darin erfassten fünf Eigenschaften Neurotizismus, Extraversion, Offenheit für Erfahrung, Verträglichkeit und Gewissenhaftigkeit eine stark erbliche Komponente aufweisen und deshalb bis ans Lebensende äußerst stabil bleiben. Internationale Langzeitstudien schienen das zu bestätigen. Die im Test abgefragten Bereiche lassen sich in Kurzform wie folgt beschreiben.

1. Emotionaler Zustand (Neurotizismus). Mit Neurotizismus wird das Erleben von negativen Emotionen erfasst. Personen mit einer hohen Ausprägung sind oft ängstlich, nervös, angespannt und pessimistisch. Diese Empfindungen werden bei ihnen leicht ausgelöst und halten lange an. Den Gegenpol bezeichnet man als »emotionale Stabilität«. Dazu zählen Zufriedenheit und Ich-Stärke. Solche Menschen sind eher ausgeglichen, entspannt und sicher. Sie erleben auch seltener negative Gefühle.

2. Temperament (Extraversion). Menschen mit hohen Extraversionswerten sind gesellig, aktiv, gesprächig, personenorientiert, herzlich, optimistisch und heiter. Ihr Pendant, die Introvertierten, sind zurückhaltend in sozialen Kontakten, können gut alleine sein und lieben die Unabhängigkeit.

3. Offenheit für Erfahrung. Personen mit hohen Offenheitswerten beschreiben sich als wissbegierig und experimentierfreudig. Sie hinterfragen bestehende Normen und bevorzugen Abwechslung. Demgegenüber neigen diejenigen mit niedrigen Offenheitswerten eher zu konventionellem Verhalten und zu konservativen Einstellungen. Sie ziehen Bekanntes und Bewährtes dem Neuen vor.

4. Soziales Verhalten (Verträglichkeit). Ein zentrales Merkmal von Personen mit hohen Verträglichkeitswerten ist ihr Altruismus. Ihrer Umwelt begegnen sie mit Verständnis, Wohlwollen und Mitgefühl. Sie sind kooperativ und geben leicht nach. Im Gegensatz dazu beschreiben sich Personen mit niedrigen Verträglichkeitswerten als misstrauisch gegenüber den Absichten anderer Menschen. Im Zusammenleben verhalten sie sich eher wetteifernd als kooperativ. Sie besitzen die ausgeprägte Fähigkeit, für ihre eigenen Interessen und das, was ihnen wichtig ist, zu kämpfen.

5. Gewissenhaftigkeit. Personen mit hohen Gewissenhaftigkeitswerten planen sorgfältig. Sie können gut organisieren, handeln effektiv, verantwortlich, zuverlässig und überlegt. Personen mit niedrigen Gewissenhaftigkeitswerten lassen gerne Fünfe gerade sein. Sie handeln eher spontan, lässig und ungenau.

Bleiben wir, wie wir sind?

McCraes Ergebnisse sind nicht unumstritten. Manche Forscher bemängeln, dass er zu wenig Faktoren berücksichtigt, oder kritisieren seinen Ansatz, von sprachlichen Begriffen auszugehen. Doch in der Praxis haben sich die Big Five durchaus bewährt. Deshalb wird das NEO-Fünf-Faktoren-Inventar nach Costa und McCrae (auf Deutsch übersetzt von Borkenau und Ostendorf) bis heute angewandt. Man benutzt es in der Klinischen Psychologie, der Schullaufbahn- und Studienberatung, in der Personal- und Organisationspsychologie.

Gleichen Sie die fünf Faktoren doch einmal mit Ihrer eigenen Erfahrung ab. Sie werden sicher feststellen, dass es sich tatsächlich um sehr beständige Eigenschaften handelt. Der Nachbarsjunge, der damals so sorgfältig und gewissenhaft seine Fußballbilder eingeklebt hat und nie seine Schulbücher vergaß, plant heute als Erwachsener genauso präzise seinen Urlaub und hält pingelig Ordnung in seinem Werkzeugkasten.

Die fünf Dimensionen der Persönlichkeit lassen sich auch zur Selbsterkenntnis nutzen. Beständige Eigenschaften haben großen Einfluss auf unser Denken, Fühlen und Verhalten und somit auch darauf, wie wir unser Leben gestalten. Das wiederum wirkt sich auf unser Schicksal aus. Daher ist es wichtig, die eigenen Grenzen und Möglichkeiten zu kennen.

Wenn Sie ein ernsthafter Mensch sind, dann werden Sie trotz größter Anstrengung nicht unbekümmert oder spontan. Wenn Sie das Dasein auf die leichte Schulter nehmen, können Sie sich kaum in eine penible, alle Eventualitäten abwägende Persönlichkeit verwandeln. Quälen Sie sich also nicht mit dem Versuch, Ihre Persönlichkeit völlig umzukrempeln.

Die Optikerin Lara hat damit ihre Erfahrung gemacht: »Ich bin ein ruhiger, nachdenklicher Typ. Es ist noch nicht lange her, da wollte ich liebend gerne wie meine Freundin Kathrin sein. Mit ihrer lebhaften Art steht Kathrin überall im Mittelpunkt. Oft habe ich nach einer Party nachts in meinem Bett vor Frust geheult, weil ich mal wieder unbeachtet blieb, während Kathrin nur zu erscheinen braucht, und alles dreht sich um sie. Schließlich habe ich mir vorgenommen, es auch auf die Kathrin-Tour zu probieren. Ich habe mich in ein sexy Outfit geworfen, mir mit Prosecco Mut angetrunken und bin mit einem frechen Spruch offensiv auf einen Partygast zugegangen, der mir gefiel. Der hat mich zuerst nur irritiert angeschaut. Wir sind trotzdem ins Gespräch gekommen. Schließlich sagte er so ganz nebenbei: ›Es ist richtig nett, sich mit Ihnen zu unterhalten. Zum Glück sind Sie gar nicht so eine aufgedrehte Person, wie ich am Anfang geglaubt habe.‹ Da hat es bei mir klick gemacht. Ein bisschen mehr Selbstbewusstsein und Entspanntheit bekommt mir sicher gut, aber es hat keinen Sinn, mich zu verstellen und anders sein zu wollen, als ich bin.«

Wir können uns nicht grundlegend ändern. Trotzdem bedeutet das nicht, dass wir für immer und ewig zu einem starren Denken und Verhalten verdammt sind. Innerhalb gewisser Grenzen sind wir recht flexibel. Wenn Sie ein introvertierter Mensch sind, brauchen Sie deshalb keineswegs andere um ihre Leichtigkeit zu beneiden. Sie können Grübeleien gegensteuern und in Ihrem Rahmen lockerer werden. Wenn Sie als extrovertierter Mensch zu spontan reagieren, sind Sie durchaus in der Lage, bewusst sorgfältiger nachzudenken, bevor Sie handeln. Es ist möglich, aus eigener Anstrengung oder mit professioneller Unterstützung auf der Skala zwischen den Extremen dem eigenen Ideal näher zu rücken. Das Modell der Big Five hilft Ihnen dabei, sich in wichtigen Bereichen richtig einzuschätzen. Dann können Sie Ihre Stärken nutzen und mögliche Schwächen ausgleichen. In diesem Sinne vertragen sich »Nature« und »Nurture« bestens.

Macht und Ohnmacht der DNA

Während die Psychologie bei den »Big Five« eher vorsichtig von einer »stark erblichen Komponente« der Persönlichkeit spricht, äußerten sich die Wissenschaftler auf dem Gebiet der Genetik noch bis vor kurzem weniger zurückhaltend. Sie zeigten sich davon überzeugt, dass der Schwerpunkt eindeutig auf »Nature«, auf der Vererbung, liegt.

Im 18. Jahrhundert kreuzte der Augustinermönch Gregor Mendel im Klostergarten von Brünn Erbsen und leitete aus dem Ergebnis mögliche Erbfaktoren ab. Der Vater der Vererbungsforschung wäre sicher begeistert, wüsste er, was sich seither auf dem Gebiet getan hat. Man entdeckte die Desoxyribonukleinsäure (DNA) als Trägerin der Erbinformation, wobei die Gene als Erbfaktoren die spezifischen Grundinformationen weitergeben. Ein spektakulärer Durchbruch gelang der Forschung Anfang der 50er Jahre, als James Watson und Francis Crick die Struktur der DNA herausfanden. Die nächste Etappe war das 1988 in den USA gestartete internationale Human Genom Project mit dem Ziel, das menschliche Genom zu entschlüsseln. Zwölf Jahre später wurde das Ergebnis der Weltöffentlichkeit präsentiert.

Zunächst hielt man die DNA nur für die Ursache körperlicher Merkmale wie Augenfarbe und Nasenform, doch bald glaubte man, dass die Gene auch unsere Emotionen und unser Verhalten bestimmen. Hervorgetan hat sich dabei der Genetiker Dean Hamer vom Krebsforschungs-Institut in Bethesda, Maryland. Im renommierten

Wissenschaftsjournal *Science* verkündete er 1993 die Existenz eines »Schwulen-Gens«, das angeblich die Homosexualität bei Männern vorherbestimmt. Außerdem postulierte er die Existenz eines »Gottes-Gens«, das für spirituelle und religiöse Erfahrungen verantwortlich sein soll. Auch ein Glücks-Gen glaubte man gefunden zu haben. 1996 verkündete der Psychologe David Lykken von der Universität in Minnesota, er habe einen genetisch festgelegten individuellen Set-Point of Happiness gefunden. Ähnlich dem Set-Point beim Körpergewicht sei festgelegt, wie viel Glück ein Mensch empfinden kann.

Kein Wunder, dass sich in der Bevölkerung allmählich ein lockerer Umgang mit der komplizierten Wissenschaft der Genetik verbreitete. Wir benutzen die Gene gerne als Ursache für Fähigkeiten und als Entschuldigung für Versagen. Sie können gut rechnen? Das sind die Gene. Sie sind völlig unmusikalisch? Schade, aber das liegt an den Genen. Neulich sah ich ein Fernsehinterview. Der Erbe einer traditionsreichen Bekleidungsfirma saß lässig in einem Le-Corbusier-Sessel unter einem großen Foto von Andreas Gursky, auf dem Tisch vor sich einen Stapel Kunstbücher. Befragt, woher er denn seinen Sinn für gutes Design hätte, antwortete er selbstbewusst: »Bei mir liegt die Ästhetik schon in den Genen.«

Verübeln kann man uns das schlichte Ursache-Wirkung-Denken nicht, waren doch viele Forscher im Überschwang ihrer Entdeckerfreude noch bis vor kurzem selbst von der Allmacht der Gene überzeugt. Inzwischen rudern auch prominente Wissenschaftler zurück. Der Biochemiker und Genomforscher Craig Venter wurde durch seinen Erfolg in der Sequenzierung des menschlichen Genoms im Human Genom Project weltweit bekannt. Außerdem entzifferte er als erster Mensch seine eigene komplette DNA. Ernüchtert sagt er heute: »Wir erfahren aus dem Genom in Wirklichkeit nichts als Wahrscheinlichkeiten.« Seiner Ansicht nach hat das Projekt bisher wenig Nutzen gebracht, aber viele falsche Erwartungen geweckt. »Wir haben einfach immer nur auf die einzelnen Gene geguckt – weil wir eben nur diese

Gene hatten. Wenn Leute nachts ihren Schlüssel verlieren, dann suchen sie unter der Laterne. Und warum? Weil sie da etwas sehen können.« Beim Human Genom Project hatte man erwartet, auf 100 000 bis 300 000 Gene zu stoßen. Tatsächlich fand man nur etwa 40 000. Venter interpretiert das so: »Die Menschen dachten, dass für jede menschliche Eigenschaft ein Gen verantwortlich sei. Wenn Sie die Gier kurieren wollen, dann müssen Sie eben das Gier-Gen verändern, wenn Sie den Neid heilen wollen, das Neid-Gen. Aber so einfach ist es nicht. Wenn Sie wissen wollen, warum jemand Alzheimer bekommt oder Krebs, reicht es nicht, einzelne Gene anzugucken. Dazu muss man das gesamte Bild sehen. So steht es um unser Wissen vom Genom: Wir wissen nichts.« Er ist davon überzeugt, dass es weitaus mehr Informationen braucht, um etwa auf medizinischem Gebiet eine Aussage über einen bestimmten Menschen treffen zu können: »Informationen über Ihre Körperchemie, Ihre Physiologie, Ihre medizinische Geschichte, über Ihr Gehirn und über Ihr gesamtes Leben. All diese Informationen brauchen wir millionenfach und müssten sie mit den genetischen Daten korrelieren.«[14]

Gene sind beeinflussbar

Venters Aussage wird von den aktuellen Ergebnissen der Epigenetik unterstützt. Bei dieser noch jungen Disziplin handelt es sich um ein Spezialgebiet der Molekularbiologie. Die griechische Vorsilbe epi bedeutet so viel wie »um … herum« oder »zusätzlich«. Epigenetisch sind demnach alle Prozesse in einer Zelle, die als zusätzlich zu den Inhalten und Vorgängen der Genetik gelten. Die Epigenetik befasst sich mit vererbbaren Veränderungen, die nicht in der DNA-Sequenz, dem Genotyp, festgelegt sind. Bisher hat man herausgefunden, dass die Aktivität vieler Gene auch von außen beeinflusst wird: Bestimmte Proteine heften sich an die DNA und helfen, dasjenige Enzym in Position zu bringen, das den genetischen Code abliest. Die epigenetischen Marker stecken nicht in den Buchstaben der DNA, sondern verteilen sich auf dem Doppelhelixstrang. Dort wirken sie als eine Art Schalter, mit denen sich die Gene an- und ausknipsen lassen.

In den vergangenen Jahren haben Epigenetiker große Fortschritte im Verständnis dieser Steuermechanismen erzielt. Dabei wurde deutlich, dass das Epigenom für die Entwicklung eines gesunden Organismus ebenso wichtig ist wie die DNA selbst. Es kann zudem durch äußere Einflüsse wesentlich leichter verändert werden als die Gene. Damit entkräftet die Epigenetik die bislang vorherrschende Einstellung: Gene sind nicht starr, sondern bleiben ein Leben lang beeinflussbar. Wir können sie durch unseren Lebensstil aktivieren oder ausschalten.

Ein aufsehenerregendes Experiment gibt einen deutlichen Hinweis auf die Wirkung des Epigenoms: In der August-Ausgabe 2003 der Fachzeitschrift *Molecular and Cellular Biology* veröffentlichten Randy Jirtle und Robert Waterland von der Duke-Universität im amerikanischen Durham eine Studie. Darin wiesen sie an Mäusen nach, dass Umwelteinflüsse sogar genetische Mutationen überwinden können. Ihre Versuchstiere waren trächtige Mäuse mit dem abnormalen »Agouti-Gen«, das den Tieren ein gelbliches Fell verleiht und sie besonders gefräßig macht. Häufig sterben sie an Herzkrankheiten, Diabetes und Krebs.

In dem Experiment wurden fettleibigen gelben Agouti-Weibchen vor der Paarung und während der Trächtigkeit Nahrungszusätze wie Folsäure, Vitamin B12, Betain und Cholin ins Futter gemischt. Man wählte diese methylgruppenreichen Stoffe, weil sich in früheren Untersuchungen gezeigt hatte, dass die chemische Gruppe der Methyle bei epigenetischen Veränderungen eine Rolle spielt.

Normalerweise ist der Nachwuchs von Agouti-Mäusen ebenso gelb, dick und krankheitsanfällig wie seine Eltern. Die Mehrzahl der Nager-Babys in Jirtles Experiment schlug jedoch völlig aus der Art: Obwohl sie das gleiche Agouti-Gen besaßen wie ihre Mütter, waren sie überwiegend schlank und braun. Außerdem fehlte ihnen die Veranlagung für Krebs und Diabetes. Offenbar war allein durch die veränderte Ernährung das Agouti-Gen ausgeschaltet worden. Die Mäusemütter dagegen, die keine methylgruppenreiche Nahrung erhalten hatten, gebaren weiterhin gelbliche Vielfraße. Das verblüffende Ergebnis: Die Mäuse sind genetisch identisch, sehen aber unterschiedlich aus: Die einen fett und mit hellem Fell, die anderen dünn und dunkelhaarig.

Menschen sind bekanntlich keine Mäuse, doch auch beim Homo sapiens hat man bei einer Vielzahl von Krankheiten, darunter Krebsarten, Herzleiden und Diabetes, epigenetische Mechanismen festgestellt. Solche Entdeckungen erschüttern das bisherige Wissen über Genetik und damit auch unsere gängigen Vorstellungen von Identität. Sie stellen infrage, was bisher angenommen wurde, dass nämlich allein die DNA unser Aussehen, unsere Persönlichkeit und unsere Krankheitsrisiken bestimmt. Diese eindimensionale Vorstellung lässt sich nicht länger halten. Selbst wenn Menschen exakt über die gleichen Gene verfügen wie eineinige Zwillinge, unterscheiden sie sich dennoch häufig in den Mustern ihrer Genaktivität und damit auch in ihren Eigenschaften. Der Molekularbiologe Bruce H. Lipton, ein Pionier der Epigenetik, zieht daraus die Konsequenz: »Gene bestimmen nicht unser Schicksal! Umwelteinflüsse, darunter auch Ernährung, Stress und Gefühle, können unsere Gene verändern, ohne die grundlegende Zusammensetzung infrage zu stellen.«[15]

Womit wir wieder bei unserem Ausgangspunkt, der Gewichtung von »Nature« und »Nurture«, wären. Nach dem heutigen Stand der Erkenntnis dürfen wir davon ausgehen: Wir bringen individuelle genetische Eigenschaften mit. Ob die jedoch aktiv werden, hängt in vielen Fällen von den Einflüssen der Umgebung, damit auch von uns selbst, ab. Für unser Schicksal bedeutet das, dass wir uns nicht einfach hinter den ererbten Gegebenheiten verstecken können, nach dem Motto: »So bin ich halt.« Wir haben die Möglichkeit und damit auch die Verantwortung, das Beste daraus zu machen.

Ihre Talente

Das Beste aus seinen Genen machen – wie geht das? Für Ihr Schicksal sind vor allem Ihre angeborenen Stärken, auch Begabung oder Talent genannt, sehr wichtig. Diese gilt es zu fördern, denn von ihnen hängt zu einem großen Teil ab, wie glücklich und erfolgreich Sie im Leben sind:

Wenn Sie Ihrer ursprünglichen Neigung nachgehen, geht es Ihnen weitaus besser, als wenn Sie sich mühsam durch den Tag quälen oder nur mit Pflichtgefühl und Routine arbeiten. Weil es Ihrem Naturell entspricht, macht es Ihnen Freude. Das ist schon mal ein Plus für Ihr Glück.

Darüber hinaus macht es Sie erfolgreicher, wenn Sie Ihr Talent ausleben, weil Sie dann mit natürlichem Interesse dabei sind und weniger von inneren Widerständen gebremst werden als auf Gebieten, die Ihnen nicht liegen. Es macht Ihnen tatsächlich Spaß, komplizierte Fachbücher zu lesen oder meilenweit zu fliegen, um an einem Workshop teilzunehmen. Ihr intensiver Einsatz wirkt sich auf die Dauer positiv aus. Sie bekommen einen Wissens- und Erfahrungsvorsprung vor anderen, erwerben jede Menge Kompetenz.

Gewöhnlich verbinden wir Begabung und Talent mit herausragenden Fähigkeiten. Singen wie Anna Netrebko, golfen wie Tiger Woods, die Computerindustrie revolutionieren wie Steve Jobs – so etwa in der Größenordnung. Aber welches überragende Talent hat schon eine ganz normale Steuerberaterin oder ein Bauingenieur?

Der amerikanische Psychoanalytiker James Hillman weist solche

Vergleiche eindeutig zurück: »Außergewöhnliche Menschen gehören nicht einer anderen Kategorie an, die Arbeitsweise dieses Motors ist bei ihnen einfach nur leichter erkennbar.«[16] Die aktuelle Intelligenz- und Talentforschung gibt ihm recht und geht sogar noch einen Schritt weiter: Herausragende Leistungen beruhen nicht auf herausragenden angeborenen Fähigkeiten, sondern entstehen erst durch Förderung und Üben. Sie kommen also nicht umhin, sich zunächst einmal die Frage zu stellen: Was ist offenbar als Anlage in mir vorhanden? Und was kann ich tun, um sie zu entfalten?

Das Talent entdecken

Wo Ihr Talent liegt, zeigt sich meist schon in der Kindheit an dem, was Sie damals freiwillig oft und gerne getan haben. Vielleicht haben Sie stundenlang mit kniffliger Lego-Technik gebastelt oder sich rührend um Tiere gekümmert. Oder Sie waren mit Vorliebe in der Natur und sind auf die höchsten Bäume geklettert. Sie haben sämtliche Lieder nachgesungen. Sie haben fasziniert Steine gesammelt und in Kästchen sortiert. Was sich so harmlos als Kinderspiel zeigt, ist ein erstes, noch kaum zielgerichtetes Erscheinen unserer persönlichen Fähigkeiten. James Hillman hält es sogar für »das in nuce festgeschriebene Schicksal«[17], so wie in einer Eichel schon der spätere Eichenbaum enthalten ist. Für ihn sind unsere kindlichen Neigungen ein Wegweiser zu der Aufgabe, die wir in diesem Leben am besten erfüllen können, zu unserem eigenen Wohle und dem der anderen.

Manche Menschen wissen tatsächlich schon von Kindheit an, was sie einmal werden wollen, und ziehen das mit aller Leidenschaft durch. Wie etwa die Schauspielerin, die seit einem Besuch im Weihnachtsmärchen als Neunjährige wusste, dass sie auf die Bühne will. Doch das ist nicht unbedingt die Norm. Es gibt noch weitere Möglichkeiten, das eigene Talent zu entdecken. Einige trifft ihr Talent wie ein Blitzschlag.

Meist geschieht das nach einem tiefgreifenden Erlebnis, einer Krise oder einem Unglück. Wieder andere entdecken ihre Talente scheinbar per Zufall, vielleicht, weil sie irgendwo aushelfen oder auf eine Person treffen, die sie anregt. Manche kennen zwar die allgemeine Richtung ihrer Talente, zum Beispiel Menschen zu helfen, haben aber keine konkrete Vorstellung davon, in welchem Beruf sie das einbringen können. Und manche üben im Laufe ihres Lebens verschiedene Tätigkeiten aus, wobei ihr Talent, etwa zu lehren oder die Umgebung zu verschönen, darin trotzdem erhalten bleibt.

Leider passiert es aber auch häufig, dass wir durch Einflüsse von außen oder Sachzwänge das Bewusstsein für unsere individuellen Fähigkeiten verlieren. In meiner Praxis habe ich häufig erfahren, dass Klienten auf Wunsch der Eltern in einen vermeintlich sicheren Beruf gedrängt wurden und ihre eigenen Neigungen so lange unterdrückten, bis sie sie selbst nicht mehr wahrnahmen. Oder dass sie meinten, sie wären für nichts besonders begabt. In die Beratung zu mir kamen sie, weil sie intuitiv spürten, dass sie trotz gutem Gehalt, Anerkennung und Prestige nicht am richtigen Platz waren und herausfinden wollten, was besser zu ihnen passte.

Kriterien für Ihr Talent

Anhand von zwei eindeutigen Kriterien können Sie selbst feststellen, wo Ihre Begabung liegt.

Was Sie tun, fällt Ihnen leicht. Tätigkeiten auf Ihrem ureigenen Gebiet machen Ihnen weitaus weniger Schwierigkeiten als in anderen Bereichen. Hier geht es deutlich schneller und mit weniger Mühe. Das spiegelt Ihnen auch Ihre Umwelt wider. Man hört in dem Fall oft: »Das liegt ihr«, »Er ist der geborene….«. Sie werden häufig gebeten, genau diese Aufgabe zu übernehmen: Wenn Sie Sinn für Farben und Formen haben, fragt man Sie gerne um Rat bei der Wohnungseinrichtung. Wenn Sie sprachbegabt sind, bittet man Sie, die Festschrift zum Jubiläum zu texten oder das Protokoll zu schreiben.

Was Sie tun, macht Ihnen Freude. Schon allein im Tun finden Sie eine große Befriedigung, nicht erst im Ergebnis. Sie erleben das, was der ungarische Psychologe Mihaly Csikszentmihalyi »Flow« nennt. Die Zeit vergeht wie im Fluge, Sie versinken vollkommen in Ihrer Tätigkeit. Dabei empfinden Sie die Arbeit oft gar nicht als solche, wie der Modedesigner Karl Lagerfeld, der sagt: »Meine Arbeit ist für mich wie Urlaub.« Obwohl es auch anstrengende und harte Zeiten gibt, in denen Sie am liebsten hinwerfen möchten, ist es grundsätzlich so, dass Sie lieben, was Sie tun.

Dass Ihre spezielle genetische Mischung wie der Schlüssel zum Schloss zu bestimmten Aufgaben passt, heißt jedoch nicht, dass es nur eine einzige passende Tätigkeit für Sie gibt. Es handelt sich um ein ganzes Betätigungsfeld, auf dem Sie Ihre optimale Position suchen müssen. Wenn Sie gründlich und geduldig sind und gerne konzentriert allein arbeiten, dann reicht die Palette etwa von der der Goldschmiede über medizinische Forschung bis zum Ingenieurbüro. Wenn Sie geschickt mit Menschen umgehen, sind Sie vielleicht im Hotelgewerbe, in der Pressestelle eines Konzerns oder in der Diplomatie am richtigen Platz.

Indem Sie Ihr Talent an der geeigneten Stelle einsetzen, ist Ihnen in jedem Fall innere Freude gewiss. Damit können Sie zufrieden leben. Aber vielleicht darf es auch ein bisschen mehr sein. Gerade wenn wir unsere Lebensaufgabe gefunden haben, entsteht meist ganz von selbst auch der Ehrgeiz, darin besonders gut oder gar hervorragend zu sein. Keiner hindert Sie, nach den Sternen zu greifen. Sie müssen nur wissen, wie Sie daran kommen.

Mit Talent zur Spitzenleistung

Ein Team des Max-Planck-Instituts für Bildungsforschung wollte wissen, an welchen Faktoren es liegt, dass einige Menschen auf ihrem Gebiet Höchstleistungen erbringen, während andere darin allenfalls gut sind. Als Versuchsfeld wählten sie die Berliner Hochschule der Künste, die im Ruf steht, exzellente Musiker hervorzubringen. Die Professoren wurden gebeten, unter ihren Studenten diejenigen Violinisten auszuwählen, bei denen sie das Potenzial für eine internationale Solokarriere sahen. Außerdem sollten sie Violinisten nennen, die zwar sehr gute Leistung zeigten, aber nicht die Qualität der ersten Gruppe erreichten. Die Hochschule unterhält auch eine Abteilung, in der Musiklehrer ausgebildet werden, für deren Zulassung man niedrigere Maßstäbe anlegt. Auch aus diesen Studenten wurde eine Gruppe gebildet. Zusätzlich wurde die Einschätzung der Professoren durch objektive Kriterien von außen bestätigt: Die besten Musiker hatten am häufigsten bei Wettbewerben gewonnen, die besseren waren darin immerhin erfolgreicher als die guten. Es ergaben sich also drei Gruppen, die nach Alter und Geschlecht vergleichbar waren, sich aber hinsichtlich ihrer Leistung in Gute, Bessere und Beste staffelten.

Die Forscher befragten die Versuchspersonen äußerst gründlich und erfuhren, dass die sich in vieler Hinsicht ähnelten: Alle hatten mit etwa acht Jahren angefangen, Geige zu spielen, und schon als Teenager beschlossen, Musiker zu werden. Jeder von ihnen konnte zum Zeitpunkt der Befragung mindestens zehn Jahre Unterricht auf seinem Instrument nachweisen. Alle drei Gruppen verbrachten gleich viel Zeit mit musikbezogenen Pflichten wie Unterricht und Kurse. Sie waren sich auch darüber einig, dass eigenständiges Üben sehr wichtig ist. Allerdings zeigte sich in diesem Bereich, der allein der Kontrolle des Einzelnen unterliegt, ein Unterschied. Während die Gruppen der besten ebenso wie die der sehr guten Musiker durchschnittlich 24 Stunden pro Woche übten, setzte die Gruppe der guten dafür nur 9 Stunden an.

Geht man davon aus, dass Üben weiterbringt, dann leuchtet ein, dass die Gruppe der Guten gegenüber den Besseren und Besten im Nachteil war. Doch wie kam es, dass die Besten eine stärkere Leistung erbrachten als die Besseren, obwohl sie aktuell nicht mehr übten als diese? Tatsächlich fanden die Wissenschaftler des Rätsels Lösung. Sie baten die Studenten, die Zahl ihrer wöchentlichen Übungsstunden für jedes Jahr seit den Anfängen ihres Violinspiels zu schätzen. Daraus berechneten die Forscher dann eine Gesamtsumme. Die Ergebnisse waren eindeutig: Bis zum 18. Lebensjahr hatten die Violinisten der Besten-Gruppe im Durchschnitt 7 410 Übungsstunden angesammelt, während die Gruppe der Besseren nur 5 301 Stunden aufwies. Die dritte bildete mit 3 420 Stunden das Schlusslicht. Der Unterschied in der Leistung wurde offenbar von der längeren Übungszeit beeinflusst.[18]

Die Zehn-Jahres-Regel

Inzwischen gibt es auf wissenschaftlicher Basis Anhaltspunkte, wie viel Zeit man braucht, um in einem Bereich exzellent zu werden. Der amerikanische Nobelpreisträger Herbert Alexander Simon stellte die sogenannte Zehn-Jahres-Regel auf. In einer Studie über Schachspieler fand er heraus, dass offenbar keiner von ihnen ohne ein etwa zehnjähriges, intensives Studium die oberen Plätze der Rangliste erreicht. Diese Zeit braucht ein Schachexperte, um circa 50 000 mögliche Positionsmuster auf dem Brett zu beherrschen.

Das Interessante ist: Die Zehn-Jahres-Regel gilt für jeden von uns, auch wenn wir nicht die Schachweltmeisterschaft anstreben. Ob Mathematik, Schönheitschirurgie, Literatur, Kochen, Diagnose von Röntgenaufnahmen, Lehren, Psychotherapie – ohne einen langjährigen Einsatz wird niemand zum Experten oder zur Expertin. Das kann ich aus eigener Erfahrung bestätigen. Wenn heute ein Klient zu mir zum

Coaching kommt, finde ich mit ihm zusammen innerhalb von kurzer Zeit heraus, wo das Problem liegt und wie man es lösen könnte. Das gelingt mir auf der Grundlage von jahrelanger psychotherapeutischer Praxis, seinerzeit oft mit einem Zwölf-Stunden-Tag, davon zehn Jahre berufsbegleitende Zusatzausbildungen. Das war oft anstrengend, doch heute profitiere ich genau von diesem intensiven Einsatz.

Dass Übung den Meister macht, sagt schon ein häufig zitiertes Sprichwort. Was uns allerdings oft nicht klar ist: Üben ist nicht gleich üben. Es gibt ganz entscheidende Unterschiede in der Qualität.

Üben – aber richtig!

Noel Tichy, Professor an der University of Michigan Business School und Unternehmensberater, veranschaulicht die verschiedenen Möglichkeiten zu üben mit drei konzentrischen Kreisen. Den inneren Kreis bezeichnet er als Komfortzone, den mittleren als Lernzone und den äußeren als Panikzone.

In der behaglichen Komfortzone wiederholen wir mit kleinen Varianten, was wir bereits beherrschen. In der Lernzone kümmern wir uns gezielt um diejenigen Aspekte des Gebietes, die wir noch nicht oder nicht perfekt beherrschen. Charakteristisch für diese Zone ist, dass darin die vorhandenen Sachkenntnisse um einiges überschritten werden. Deshalb benötigen wir ein professionelles Konzept für unsere Übungen. In der Panikzone ist die Kluft zwischen dem, was wir schon beherrschen, und dem, was wir erreichen wollen, unverhältnismäßig groß. Typisch dafür ist, dass wir nicht einmal ahnen, wie und wo wir mit dem Üben ansetzen sollen. Auch ein Experte könnte in dieser Zone kaum weiterhelfen, weil wir nicht verstehen oder ausführen können, was er von uns will – etwa wenn wir gerade ein paar Stunden einen Yoga-Kurs gemacht haben und nun gleich perfekt in den Kopfstand gehen sollen. Die Überforderung führt zu Stress, der sich je nach

Bedeutung für uns schnell in Panik oder Depression verwandelt. In welcher Zone Sie sich befinden, entscheidet das Verhältnis zwischen Ihren Fähigkeiten und der Anforderung:

- In der Komfortzone hält sich beides die Waage. Sie arbeiten allenfalls daran, Ihr Niveau zu halten.
- In der Lernzone liegen die Anforderungen etwas höher als bisher, aber Sie sind in der Lage, sie zu bewältigen.
- In der Panikzone übersteigen die Anforderungen Ihre Fähigkeiten so weit, dass es Ihnen unmöglich ist, sie zu erfüllen.

Sie ahnen es sicher schon: Nur das Üben in der Lernzone bringt Sie wirklich weiter. Der Psychologe Anders Ericsson, Autor des Buches *The Road to Excellence*[19], nennt das zielgerichtete Üben in der Lernzone »Deliberate Practice«, bewusstes Üben. Egal auf welchem Leistungsniveau wir uns bereits befinden, sobald wir mehr auf unserem Gebiet erreichen wollen, ist der Ablauf immer der gleiche:

- Wir erkennen – allein oder mithilfe anderer – unser Defizit.
- Wir entwickeln ein Konzept, mit dem wir es beheben können.
- Wir fangen an, nach dieser Vorgabe zu üben.

Es geht nur mit Konzept

Vielleicht sind Sie in der Lage, selbst herauszufinden, wo Ihre Schwächen liegen, aber damit wissen Sie nicht automatisch, wie Sie sie am wirkungsvollsten beheben können. Dazu ist eine kompetente Anleitung notwendig.

Benjamin Zander, Dirigent des Boston Philharmonic Orchestra, demonstriert das gerne auf humorvolle Weise. Gelegentlich hält er Vorträge für Manager, die von ihm erfahren möchten, wie man ein

Orchester zu einer großartigen musikalischen Leistung führt, damit sie das Know-how auf ihre Arbeit übertragen können. Zander fragt dann sein Publikum, ob jemand in der letzten Zeit Geburtstag hatte. Daraufhin fordert Zander die Anwesenden auf, dem Geburtstagskind ein Ständchen zu singen. Ohne weitere Anweisung singt die Gruppe sofort aus vollem Hals »Happy Birthday«. Anschließend erklärt Zander: »Das war schon sehr gut. Aber ich glaube, dass Sie es besser machen können. Singen Sie das Lied jetzt noch einmal, aber dieses Mal besser.« Die Reaktion ist Schweigen, keiner gibt mehr einen Ton von sich. Nach einigen peinlichen Sekunden erläutert Zander, was gerade passiert ist: Als alle verstanden hatten, was zu tun war, setzten sie es um. Als sie es jedoch besser machen sollten und keine Ahnung hatten auf welche Weise, waren sie wie gelähmt.[20] Fazit: Um effektiv zu üben, müssen wir präzise wissen, was wir tun sollen.

Auf sämtlichen Gebieten hat sich im Laufe der Zeit ein profundes Wissen angesammelt, das ständig weiterentwickelt wird. Zu dem Fachwissen auf Ihrem Gebiet müssen Sie Zugang bekommen, wenn Sie nicht Zeit und Kraft in einer langwierigen Phase mit Versuch und Irrtum verlieren möchten. Hier schlägt die Stunde der Experten: Sie besitzen das Know-how, ohne das Sie auf dem Weg zu einer besseren Leistung kaum weiterkommen.

Dazu ist es nicht unbedingt nötig, dass Sie sich dieses Spezialwissen direkt von den Profis abholen. Auch andere Vermittlungen sind möglich. Die meisten Experten schreiben Bücher, stellen DVDs oder Kassetten her, mit denen sie ihre Kenntnisse weitergeben. Dass diese Form funktioniert, bestätigen mir selbst zahlreiche Briefe und Mails von Leserinnen und Lesern.

Beim Üben in der Lernzone ist es selten mit ein paar Mal getan, das liegt schon in der Natur der Sache. Wie oft und wie lange Sie allerdings Ihre Fertigkeit oder Ihr gewünschtes Verhalten proben müssen, ist unterschiedlich. Lediglich das Ziel steht fest: Es muss zur Routine werden. Sicher dürfen Sie sich erst dann fühlen, wenn Sie jederzeit in der

Lage sind, Ihre Leistung abzurufen. Gewiss wird es auch für Sie herausfordernde Situationen geben, die Sie nur bewältigen, wenn Sie dank wiederholtem Üben Ihr Metier im Schlaf beherrschen – wie Hanna, Kundenberaterin in einer Werbeagentur, die ihre Unterlagen im Zug vergessen hatte und den Kunden trotzdem überzeugte, oder Jörg, Junior Produktmanager in einem Kosmetikkonzern, der überraschend einem Fernsehreporter Rede und Antwort zu einem Produkt der Firma stehen musste und die Situation geschickt in unbezahlbare Werbeminuten verwandelte. Sicherheit, die Sie durch wiederholtes Üben auf Ihrem Talentgebiet erreichen, bezeichnet man auch als Professionalität.

Das Flaschenhals-Syndrom

Das Gebiet, auf dem Sie weiterkommen wollen, begeistert und fasziniert Sie? Dann wird es für Sie pures Vergnügen sein, hier so richtig Gas zu geben und konsequent zu üben.

Tut mir leid, aber das ist ein Mythos. Er wird gerne von Menschen verbreitet, die offenbar vergessen haben oder nicht zugeben wollen, wie hart sie sich ihren Erfolg erarbeiten mussten. Glauben Sie keinem, der Ihnen weismachen will, er wäre beim Üben auf seinem Gebiet ständig in Hochstimmung. Weiterkommen in der Lernzone bedeutet schließlich, den Fokus auf die eigene Schwäche zu legen – und das ist zunächst einmal ziemlich frustrierend.

Julia ist als Make-up- und Hairstylistin sehr gefragt. Heute schminkt sie Models bei einer Modewoche in London, morgen in Kapstadt bei einem Werbeshooting für eine bekannte Automarke. »Als ich in dem Job anfing«, erzählt sie, »war ich nur für das Make-up zuständig, für Frisuren gab es andere Profis. Aber dann verlangte man immer öfter, dass ich beides beherrschte. Auf diesem Gebiet musste ich unbedingt nachlernen. Ich bat eine Friseurin, mir die Grundlagen beizubringen. Und dann übte ich an Modellen. Ich habe oft genervt den Kamm hingeworfen, weil ich die gefragten Hochsteckfrisuren einfach nicht hinbekam. Aber ich gab nicht auf.«

Harrys Problem war nicht handwerklicher Art wie bei Julia. Er ist Dozent für Philosophie an einer Universität, sein Spezialgebiet sind die Werke von Immanuel Kant. Auf seinem Gebiet ist er eine Koryphäe, doch was ihm fehlte, war pädagogisches Geschick. Zu Beginn des Semesters drängten sich die Studenten in seinem Seminar, doch schon nach kurzer Zeit wurde der Hörsaal immer leerer. Harry vermittelte den Stoff unverständlich und außerdem knochentrocken. Irgendwann dämmerte ihm, dass die Abwanderung nicht nur an der lernunwilligen Zuhörerschaft oder der schwierigen Thematik liegen konnte. Auf den Rat eines Freundes suchte er sich einen Coach, der ihn in Rhetorik und Auftreten schulte. »Dabei kam ich mir wie ein Clown vor«, erinnert er sich. »Ich hatte Hemmungen, aus mir herauszugehen.« Erst nach zahlreichen Sitzungen fing Harry an, sich mit seinem neuen Verhalten wohlzufühlen.

Statt lustvollem Weiterkommen spüren wir zunächst unser Unvermögen. In dieser Phase erleben wir garantiert einige Rückschläge. Oft genug schwirren uns Sätze im Kopf herum wie: »Ich tue, was ich kann, aber ich komme einfach nicht weiter.« »Wieso kapiere ich das nicht?« »Warum klappt das denn nicht?« Diesen quälenden Zustand bezeichne ich als Flaschenhals-Syndrom. Es handelt sich um einen geistigen, seelischen und je nach Bereich auch körperlichen Engpass, den es zu überwinden gilt. Leider geben viele Menschen an diesem heiklen Punkt auf. Zum Teil geschieht das aus Bequemlichkeit, doch noch öfter, weil sie den Glauben an sich selbst verlieren. Gefahr ist im Verzug, wenn wir denken: »Ich bin nicht talentiert genug.« »Das ist wohl doch nicht mein Ding.« »Ich sollte froh sein, dass ich schon bis hierher gekommen bin.« »Man muss ja nicht gleich nach den Sternen greifen.«

Ich riskiere jetzt einmal eine vollmundige Voraussage und garantiere Ihnen: Wenn Sie die für Ihr Gebiet unverzichtbaren geistigen und körperlichen Voraussetzungen besitzen und Ihr Übungskonzept stimmt, dann werden Sie es mit Ausdauer und Anstrengung an die Spitze schaffen. Der Engpass samt der damit verbundenen Frustration ist kein Beweis für Ihre Unfähigkeit, er ist eine Bedingung, ohne die es keine Entfaltung Ihres Talentes gibt.

Der amerikanische Wirtschaftswissenschaftler und Chefredakteur des *Fortune Magazin* Geoff Colvin sagt dazu: »Auch wenn es ein wenig deprimierend scheint, dass die wichtigste Sache, die man zur Leistungssteigerung beitragen kann, keine große Freude bereitet, ist es doch tröstlich zu wissen: Es muss so sein. Wenn die Tätigkeiten, die zur Größe führen, leicht und lustig wären, würde sich jeder mit ihnen beschäftigen – und die Besten würden sich vom Rest nicht unterscheiden.«[21]

Der innere Motor

Um sich in die Lernzone zu begeben und die erforderlichen Anstrengungen durchzustehen braucht es mehr als pure Willenskraft. Wir benötigen eine starke Motivation. Was jedoch genau uns antreibt, hängt eng mit unserer Persönlichkeit und unserer Lebensgeschichte zusammen und ist deshalb bei jedem anders.

Die beste Motivation ist Freude an der Sache – die Freude, die Sie beispielsweise empfinden, wenn Sie in Ihrer Freizeit Fachbücher lesen, die über Ihr Spezialgebiet hinausgehen, weil Sie die Zusammenhänge brennend interessieren. Doch es gibt noch weitere starke Motive wie zum Beispiel Ehrgeiz. Oliver Kahn, in seiner aktiven Zeit weltbester Torhüter, sagt in seiner Autobiografie: »Das nahezu Perfekte wird sich fast von selbst einstellen, wenn es Ihnen wirklich wichtig ist, sich zu verbessern. Ständig zu verbessern. Ich zum Beispiel war immer bereit, so lange an mir zu arbeiten, bis es sich für mich nahezu perfekt angefühlt hat, und wenn das bedeutete, Tag und Nacht zu trainieren – ganz gleich, um welchen Aspekt des Torwartspiels es sich handelte.«[22]

Auch der starke Wunsch, allen Skeptikern zu beweisen, dass man es schafft, kann anspornen, ebenso wie das Streben nach Anerkennung. Einige wiederum werden von der Lust an der Herausforderung angetrieben, wie zum Beispiel der Bergsteiger Reinhold Messner. Auch der Wille, viel Geld zu verdienen, ist für manchen ein ausreichendes Motiv. Für Warren Buffet, einen der reichsten Männer der Welt, ist das jedenfalls seit seiner Kindheit ein wirksamer Ansporn. Nicht zuletzt kann sogar eine Kränkung mächtige Energie freisetzen. So manchen Autor hat die Ablehnung eines Verlages zu Höchstleistungen angespornt.

Motivationen können sich auch vermischen. Zum Beispiel: Sie lieben, was Sie tun, aber ein gutes Honorar ist durchaus ein weiterer Anreiz. Oder Ihr Ehrgeiz wird von dem Wunsch nach Anerkennung angestachelt.

Normalerweise versorgt Sie Ihre persönliche Motivation mit genügend geistigem Treibstoff. Doch es gibt immer wieder Momente, in denen sie versagt und wir uns fragen: Warum tue ich mir das eigentlich an? Zum Glück gibt es eine Methode, mit der wir uns dann selbst aufbauen können.

Die Liste der positiven Erwartungen

Wenn Sie daran denken aufzugeben, haben Sie vermutlich aus den Augen verloren, warum Sie überhaupt mit dem Üben angefangen haben. Sie sehen nur noch die Anstrengung und die Schwierigkeiten. Deshalb ist es wichtig, die Blickrichtung bewusst zu ändern. Dabei hilft Ihnen eine schriftliche Aufstellung dessen, was das Üben Ihnen im Endeffekt bringen wird. Notieren Sie alles, was Sie gewinnen, falls Sie durchhalten. Vielleicht inspiriert Sie die folgende Sammlung zukünftiger Belohnungen für Ihre eigene Liste positiver Folgen:

- Sie helfen anderen Menschen.
- Sie sind bekannt.
- Sie lernen interessante Leute kennen.
- Sie verdienen gutes Geld.
- Sie erhalten Privilegien.
- Sie sind eine Expertin, ein Experte auf Ihrem Gebiet.
- Sie oder Ihre Lieben können stolz auf Ihre Leistung sein.
- Sie sind glücklich.
- Sie müssen später nichts bereuen.
- Sie sind die Nummer Eins.

Dadurch richten Sie den Fokus auf die Sonnenseite Ihrer Übung. Sie werden merken, dass Ihnen das neuen Schwung gibt. Lesen Sie sich Ihre Liste wieder durch, sobald Ihre Motivation zu schwinden droht.

Jetzt sind Sie dran

Eine tragfähige Motivation, ein professionelles Konzept und konsequentes Üben in der Lernzone – damit haben Sie alles, was Sie brauchen, um Ihr vorhandenes Talent zu entfalten. Und reden Sie sich bitte nicht auf ungünstige äußere Bedingungen heraus! Fast immer findet sich auch ein Weg, wo ein Wille ist. Hier ein paar Beispiele: Ein Yoga-Lehrer entwickelte die spezielle Variante, die ihn später bekannt machte, auf einer Matte in seinem winzigen Appartement. Eine künstlerisch begabte Floristin, die heute hochkarätige Events mit ihren Blütenkreationen ausstattet, hat mit einem Buch über Ikebana und heimlich im

Park geklauten Zweigen angefangen. Eine Schriftstellerin, deren Erstlingsroman einen renommierten Preis bekommen hat, erarbeitete sich das entscheidende Know-how in einem von einer Zeitschrift gesponserten Creative-Writing-Kurs.

Sie selbst entscheiden, wie weit Sie kommen wollen. Möchten Sie auf Ihrem Gebiet eine befriedigende, gute oder sehr gute Leistung erreichen? Das liegt in Ihrer Hand. Vielleicht streben Sie auf Ihrem Gebiet nicht die Oberliga an, wollen kein Tiger Woods oder keine Steffi Graf werden. Doch Ihnen ist hoffentlich bewusst: Ihr Talent ist ein wertvolles Geschenk. Wenn Sie Ihr Schicksal positiv beeinflussen wollen, müssen Sie es auspacken.

Teil III
Das Schicksal meistern

Schicksalsschläge

Ein furchtbarer Schicksalsschlag – und plötzlich ist nichts mehr, wie es war. Nur allzu oft erfahren wir von solchen grausamen Wendungen im Leben. Von den Einwohnern eines Ortes in Flussnähe, die nach einer Überschwemmung vor den Trümmern ihres Hauses stehen. Von dem kleinen Mädchen, das dem Sexualverbrecher über den Weg gelaufen ist. Oder von dem Mann, der seit einem Sturz ein Pflegefall ist:

Der 16. Januar ist ein kalter Samstag. Seit Wochen schon herrschen Minusgrade, auch in dieser Nacht hat es wieder geschneit. Die Hamburger Stadtreinigung schafft es nicht mehr, alle Gehwege zu streuen. Gegen 11 Uhr vormittags nimmt der Fotograf Steffen Wolff seine Einkaufstasche und verlässt die Wohnung. Er trägt feste Winterschuhe, seine Schritte knirschen im Schnee. Unter dem Schnee hat sich kaum sichtbar eine spiegelglatte Eisfläche gebildet. Wolff rutscht aus, verliert das Gleichgewicht und fällt auf den Rücken. Mühsam rappelt er sich auf und wankt nach Hause, schafft es gerade noch in die Wohnung. Wenige Minuten später wird sein Arm taub, die Spannung weicht aus dem Körper, und er stürzt aus dem Sessel. Liegend gelingt es ihm gerade noch, per Handy die Feuerwehr zu alarmieren. Der Kernspintomograf im Krankenhaus zeigt, dass sein siebter Rückenwirbel gebrochen ist. »C7-Fraktur mit intraspinalem Hämatom C2-Th 4« lautet die offizielle Diagnose. Steffen Wolff ist querschnittsgelähmt. Ab jetzt sitzt er im Rollstuhl. Sein neues Zuhause sind 22 Quadratmeter im Pflegeheim.[23]

Oft rücken uns die schlimmen Nachrichten auch ganz nahe, ohne dass wir unmittelbar betroffen sind. Bei dem Kollegen, der sich in letzter Zeit nicht gut fühlte, haben die Ärzte einen bösartigen Tumor entdeckt. Das sehnlichst erwartete Kind einer Freundin ist wegen Sauerstoffmangel während der Geburt schwerbehindert, eine Verwandte wird durch einen Gehirnschlag zum Pflegefall.

Wir sind erschüttert, empfinden Mitleid. Doch wenn wir ehrlich sind, schleicht sich auch noch ein anderes Gefühl ein: Wir sind erleichtert, dass es uns nicht getroffen hat. Dass unser Haus noch steht, dass wir gesund sind, unser Kind nicht entführt wurde. Falls es sich nicht gerade um das Unglück eines uns nahestehenden Menschen handelt, verdrängen wir so bald wie möglich das Leid der anderen. Diese Reaktion ist sehr verständlich, denn es erinnert uns an unsere eigene Verletzlichkeit.

Willkommen im Club der Überlebenden

Tatsächlich gibt es niemanden, der nicht in seinem Leben irgendwann mit Krisen und Schicksalsschlägen fertig werden muss. Ben Sherwood, Journalist und Autor des Buches *Wer überlebt?*, spricht vom »Club der Überlebenden«. Als Überlebende definiert er keineswegs nur Menschen, die einem Flugzeugabsturz oder ähnlichen Katastrophen entronnen sind, sondern »jeden, der mit Widrigkeiten, Härten, Krankheiten und Verletzungen zurechtkommen muss und sie überwindet«.[24] Die Mitgliedschaft in diesem Club ist nicht freiwillig. Der Beitritt ist unvermeidlich, auch wenn wir das in guten Zeiten lieber vergessen.

In den Seminaren, die ich einige Jahre lang im Auftrag der Zeitschrift *Brigitte* gehalten habe, habe ich oft ein sogenanntes Lebenspanorama malen lassen: Die Teilnehmerinnen zeichneten mit farbigen Stiften Stationen ihres Lebens von der Geburt bis zur Gegenwart. Insgesamt habe ich über 100 Lebenspanoramen ausgewertet. Sie stammten von Physikerinnen, Lektorinnen, Hausfrauen, Designerinnen, Ärztinnen, Müttern, Filmemacherinnen – einem breiten Spektrum von Frauen zwischen etwa 25 und 55 Jahren aus der ganzen Bundesrepublik, die sich durchaus als erfolgreich und mehr oder minder glücklich bezeichneten. Und doch: In jedem Lebenspanorama fanden sich schmerzhafte Ereignisse, Schicksalsschläge oder persönliche Katastrophen. Eine Seminarteilnehmerin schraffierte mit schwarzem Stift dunkle Wolken. Ihre Mutter war gestorben, als sie 16 Jahre alt war. Eine andere malte violette Tränen als Symbol dafür, dass ihr Mann sie von heute auf morgen verlassen hatte. Eine weitere zeichnete ein schwarzes Kreuz, sie hatte im dritten Monat eine Fehlgeburt erlitten. Nicht von ungefähr sagt ein weises Sprichwort: »Unter jedem Dach ein Ach.«

Wenn Sie auf Ihr Leben zurückschauen, kommen auch Ihnen sicherlich sofort Zeiten in den Sinn, in denen Sie gelitten haben. Etwa als Sie Ihren ersten Liebeskummer hatten. Als Sie im Beruf gemobbt wurden und am Ende kündigten, um nicht seelisch zu zerbrechen. Als Sie beim Skifahren stürzten und anschließend mehrfach operiert wurden. Vielleicht sind auch besonders schwere Schicksalsschläge dabei: Durch eine Netzhautablösung haben Sie einen großen Teil Ihres Augenlichtes verloren. Man hat bei Ihnen Krebs diagnostiziert. Der Mensch, den Sie liebten, ist bei einem Unfall ums Leben gekommen. Möglicherweise ist Ihre persönliche Katastrophe auch noch längst nicht Vergangenheit, sondern Sie stecken gerade mittendrin.

Bitte keine Vergleiche

Wenn es um Leid geht – sei es unser eigenes oder das der anderen –, sind wir versucht, es zu beurteilen: Dieses ist schrecklicher als jenes. Gewiss kann jeder von uns eine persönliche Rangordnung herstellen, was er als besonders hart empfindet. Was ist schlimmer: Den Arbeitsplatz zu verlieren oder ein komplizierter Armbruch? Einen gefährlichen Tumor zu haben oder dauerhaft unter einer körperlichen Behinderung zu leiden? Die große Liebe durch den Tod zu verlieren oder einen alkoholkranken Partner zu haben? Ein unwiderruflicher Zustand wiegt in unseren Augen meist schwerer als einer, der noch Hoffnung auf Besserung oder gar Rückkehr zum ehemaligen Zustand zulässt. Doch mögen auch manche Schicksalsschläge gewichtiger erscheinen als andere, Leid zu vergleichen ist sinnlos – es sei denn, wir finden es wirklich tröstlich, dass es jemanden noch übler getroffen hat als uns. Vielmehr gilt, was Ben Sherwood so formuliert: »Manche Herausforderungen mögen einem zwar entsetzlicher vorkommen als andere, aber wenn man sich auf seinem eigenen Leidensweg befindet, spielt es keine Rolle, welchen Wert er auf einer imaginären ›Richterskala des Überlebens‹ einnimmt.«[25]

In der Psychotherapie habe ich oft erlebt, dass Klienten ihre seelischen Schmerzen vor sich selbst herunterspielten. Ein 40-jähriger Rechtsanwalt erzählte, wie sich in seiner Kindheit sein Vater mit kalter Ironie über seine Gefühle lustig machte und seine Mutter ständig in Krankheiten flüchtete. Entschuldigend sagte er: »Aber das ist ja nicht so schlimm, wenn man bedenkt, dass andere Kinder geschlagen oder vernachlässigt werden.« Ich sah das anders. Es hat nichts mit übertriebenem Selbstmitleid zu tun, wenn wir unser Leiden ernst nehmen. Im Gegenteil ist das eine Voraussetzung, um konstruktiv damit umzugehen. Jedes Leid ist einzigartig.

Am Schicksalsschlag zerbrechen

Dass wir Krisen und Schicksalsschläge überwinden, ist nicht selbstverständlich. Manche Menschen zerbrechen daran. Ihr Schmerz ist für sie so unerträglich, dass sie den Tod vorziehen und Suizid begehen. Oder sie bleiben zwar noch physisch lebendig, sind aber innerlich abgestorben. Dabei handelt es sich keineswegs nur um schwache Persönlichkeiten.

Ein Beispiel dafür ist Petra Schürmann, deren vergebliche Versuche, einen schweren Schicksalsschlag zu überwinden, man in den Medien verfolgen konnte.

Petra Schürmann studiert Philosophie und Kunstgeschichte. In London wird sie als erste Deutsche zur Miss World gewählt. In den 60er Jahren beginnt sie beim Bayerischen Fernsehen eine Karriere als Ansagerin, moderiert Sendungen für ARD und ZDF. Auch als Schauspielerin und Buchautorin ist sie erfolgreich – eine attraktive, kluge, selbstbewusste Frau. 1967 wird ihre Tochter Alexandra geboren. Das Verhältnis zwischen Mutter und Tochter ist sehr eng. Alexandra tritt als Moderatorin in die Fußstapfen ihrer Mutter, sie steht kurz vor ihrer Hochzeit. Und dann passiert das Unglück: 2001 wird der Wagen mit Alexandra am Steuer auf der Autobahn von einem Geisterfahrer gerammt. Sie ist sofort tot.

Von diesem Schicksalsschlag erholt sich Petra Schürmann nie mehr. Sie zieht sich völlig aus der Öffentlichkeit zurück, erkrankt an einer psychisch bedingten Sprachstörung. Irgendwann kann sie gar nicht mehr sprechen und kommuniziert nur noch schriftlich. Sie versucht, den Tod ihrer Tochter in dem Buch *Und eine Nacht vergeht wie ein Jahr* zu verarbeiten, aber es gelingt ihr nicht. Zuletzt sitzt sie im Rollstuhl und muss von Pflegern betreut werden. Schließlich stirbt sie nach längerem Leiden.

Sicher ist es vermessen, das Verhalten eines Menschen im Leid beurteilen zu wollen. Es ist leicht für uns, von Scheitern zu sprechen, solange wir uns nicht in der gleichen verzweifelten Lage befinden. Können Sie voraussagen, wie Sie auf einen Schicksalsschlag wie den Tod eines geliebten Menschen, eine schwere Krankheit, chronische Schmerzen oder eine irreparable körperliche Behinderung reagieren würden? Ich wage für mich keine Prognose. Es gibt allerdings Hinweise darauf, wann wir besonders in Gefahr sind aufzugeben: Je stärker wir uns innerlich an einen bestimmten Menschen, eine Lebensform oder -aufgabe gebunden haben, desto weniger wert erscheint uns unser Dasein, wenn dieser Mittelpunkt zerstört wird.

Vor einiger Zeit erhielt ich die Todesanzeige eines Künstlers. Ich kannte ihn seit meiner Kindheit, unsere Eltern waren befreundet Schon als 15-jährigen sah man ihn immer nur mit Zeichenblock und Stift. Später verloren wir uns aus den Augen, aber ich hörte und las gelegentlich von seinen großen Erfolgen. Dabei erinnerte ich mich jedes Mal an den Jungen, der so leidenschaftlich malte und zeichnete. Offenbar hatte er schon früh seine Bestimmung gefunden. Als ich auf die Anzeige hin betroffen bei seiner Familie anrief, erfuhr ich die traurigen Umstände: Er war an einem Augenleiden erkrankt, das mit Sicherheit zum Erblinden führen würde. Als Künstler nicht mehr sehen zu können war für ihn undenkbar. Er zog den Tod vor.

Wenn der Lebenswille erlischt, erreichen meist auch Hilfsangebote die Betroffenen nicht mehr. Nahestehenden bleibt nur noch, sie mitfühlend zu begleiten. Oft können sie einen Suizid nicht verhindern. Das ist besonders tragisch, weil es möglich wäre, mit Schicksalsschlägen fertig zu werden, wenn man weiß, welche Schritte dazu notwendig sind.

Den Schicksalsschlag überwinden

Selbst bei schweren Schicksalsschlägen ist Aufgeben keine unausweichliche Reaktion. In jedem Fall bleibt den Betroffenen die Wahl, wie sie damit umgehen wollen. Sich mutig den schmerzhaften, oft irreparablen Veränderungen zu stellen gelingt allerdings selten unmittelbar nach der Katastrophe. Meist handelt es sich um einen längeren

Prozess. Sein Ablauf entspricht den Phasen, die allgemein für die Verarbeitung von Trauer gelten.

1. Die Phase des Nicht-Wahrhaben-Wollens. Sie ist von Schock und Verleugnung gekennzeichnet. Wir wollen nicht glauben, dass ausgerechnet uns das passiert ist, und glauben, dass alles wieder gut wird.

2. Die Phase der aufbrechenden Gefühle. In ihr wechseln sich tiefe Verzweiflung, Angst, Hilflosigkeit und Wut ab. Wir hadern mit unserem Schicksal. Warum hat es gerade uns getroffen? Auch Selbstvorwürfe quälen uns: Hätten wir das Unglück vielleicht verhindern können?

3. Die Phase der Anpassung. Allmählich finden wir uns mit den Gegebenheiten ab. Wir beginnen auszuloten, was wir in dieser Situation leisten oder verändern können.

4. Die Phase der Neuorientierung. Wir haben ein neues körperliches und seelisches Gleichgewicht erreicht. Trotz aller Belastung sehen wir die Zukunft positiv.

Diese Phasen laufen nicht unbedingt wie im psychologischen Lehrbuch ab. Sie können sich teilweise überschneiden, vermischen oder sogar in anderer Reihenfolge erscheinen. Aber es ist unbedingt nötig, jede einzelne zu durchleben, wenn man sein Leben wieder in den Griff bekommen will.

Besonders entscheidend ist die dritte Phase: Die Betroffenen sind bereit, den veränderten Status quo zu akzeptieren. Erst mit dieser Einstellung können sie es schaffen, Fähigkeiten zu entwickeln, die ihnen helfen, das Leben wieder als lebenswert zu empfinden. Tapferes Annehmen wird uns allerdings nicht in die Wiege gelegt, sondern mit vielen Tränen erworben. Der Weg führt durch einen dunklen Tunnel von Verzweiflung, Panik, Ohnmacht und Zorn. Wir können dankbar sein, wenn es uns schließlich gelingt, in das einzuwilligen, was uns das Schicksal zugedacht hat. Das bedeutet nicht, dass wir verdrängen, was unser Leben vor dem einschneidenden Erlebnis ausgemacht hat. Wir bewahren es weiterhin als kostbaren Schatz in unserer Erinnerung, aber wir hören auf, ihm verzweifelt nachzutrauern.

Erster Schritt: Annehmen, was ist

»Nehmen Sie die neue Situation an – voll und ganz. Das ist der erste Schritt zur Bewältigung!« Das rät kein Psychologe, sondern ein Mann im Rollstuhl, der aus eigener Erfahrung weiß, wovon er spricht.

Boris Grundl ist Mitte 20, Student, aktiver Sportler und erfolgsverwöhnter Sunnyboy. Er kostet das Leben voll aus, immer auf der Suche nach dem nächsten Kick. Auf einer Reise nach Mexiko macht er gemeinsam mit anderen Touristen einen Ausflug zu einer paradiesischen Lagune mit Wasserfall. Boris springt mehrmals ins Wasser, dann packt ihn der Ehrgeiz. Den letzten Sprung wagt er von ganz oben, wo der Wasserfall über die Felsen in den Abgrund schießt. Beim Aufprall im Wasser bricht er sich die Wirbelsäule. Es folgen eine Notoperation in Mexiko, ein Höllentrip zurück nach Deutschland, monatelanger Aufenthalt im Krankenhaus. Boris ist zu 90 Prozent gelähmt und hadert zunächst heftig mit seinem Schicksal: »Je mehr ich mir meiner Lage bewusst wurde, desto stärker lehnte ich sie ab. Ich lehnte mich ab. Ich sah nur das Demütigende an meiner Situation und fühlte mich nutzloser als eine Zimmerpflanze … Ich sah nur den Verlust, und meine Zukunft bestand für mich aus meiner Vergangenheit minus all jener Dinge, die ich nicht mehr tun konnte.«[26]

Nach und nach erkennt Boris Grundl, dass er so nur verlieren kann. Er zwingt sich dazu umzudenken und beginnt, sich über kleine Fortschritte, wie etwa die Beweglichkeit seines Daumens nach einer weiteren Operation, zu freuen. Rückblickend sieht er darin seine wichtigste Erkenntnis: »Hätte ich damals so sehr darauf gehofft, wieder ›normal‹ zu werden, hätte ich mich nicht über die Beweglichkeit in meinem Daumen freuen können, sondern nur gedacht: Verdammt noch mal, ich will mein altes Leben zurück. Erst als ich dazu bereit war, den Kampf mit mir selbst aufzunehmen, änderte sich meine Perspektive. Es war nur ein kleiner Bruch, eine minimale Verschiebung in meiner Wahrnehmung, aber plötzlich war alles anders. Ich fühlte mich gut. Ich empfand eine tiefe Dankbarkeit. Ich freute mich über das, was war, und ärgerte mich nicht über das, was nicht da war.«[27]

Ihm bleiben gerade mal zehn Prozent Restmuskulatur, ein klarer Verstand und Willenskraft. Auf dieser Basis gelingt es ihm, Schritt für Schritt seine hoffnungslose Lage zu verändern. Unglaublich, aber wahr: Heute ist Boris Grundl ein erfolgreicher Unternehmer, glücklicher Vater und Ehemann und leidenschaftlicher Rollstuhl-Rugbyspieler.

Wie Boris Grundl musste auch Anna King erst mühsam lernen, einen Schicksalsschlag anzunehmen, um schließlich in ihrem veränderten Leben Glück zu finden.

Als erfolgreiche Werbefilmerin arbeitet Anna King in einer Welt, in der Schönheit eine große Rolle spielt. Das gilt auch für ihr Privatleben. Ästhetik bedeutet ihr viel, sie kleidet sich mit Qualität, ist edel eingerichtet, mag es ordentlich und sauber. Vor Behinderten ekelt sie sich regelrecht. Anna wird schwanger. Während einer Routineuntersuchung entdeckt ihr Gynäkologe eine Anomalie im Gehirn des Fötus. Ängstlich fragt Anna, was das denn für das Kind bedeute. Der Arzt will sich nicht festlegen: Sehstörungen vielleicht, eventuell Spastiken, aber Genaues ließe sich nicht sagen, das könne alles heißen – von kerngesund bis zur schwersten Behinderung. Bei jeder weiteren Untersuchung werden die Diagnosen bedrohlicher. Trotzdem sagen die Ärzte, das könne alles und nichts bedeuten. Es gebe Kinder mit dieser Anomalie, die so klug würden wie Albert Einstein. Eine Abtreibung kommt für Anna also nicht infrage.

Als die kleine Lena zur Welt kommt, ist Anna glücklich. Süß sieht ihre Tochter aus. Dass der Mund zu groß ist, fällt ihr zunächst nicht auf. Doch als der Säugling gähnt, sieht sie, dass der Rachen hinten offen ist. Lena kann nicht richtig atmen, nicht schlucken, wird dauernd blau. Ein Vierteljahr bleibt sie auf der Intensivstation. Operationen, Nasensonde, überall Schläuche. Im Leben von Anna ist nichts mehr, wie es mal war. Sie gibt ihren Beruf auf, lebt von Ersparnissen. Jeden Tag sitzt sie am Bettchen ihres Kindes und hofft nur noch, dass es irgendwie überlebt. Schließlich darf sie Lena mit nach Hause nehmen. Dort wird der Stress durch die Betreuung rund um die Uhr noch größer. Ihre Ehe gerät darüber in eine Krise, Anna leidet unter Burnout und muss sich sechs Wochen in einer psychiatrischen Klinik behandeln lassen. Nachdem sie sich lange dagegen gewehrt haben, beschließen Anna und ihr Mann, Lena während der Woche in ein Heim zu geben. Seitdem geht es ihr viel besser. Sie lernt gehen und greifen – ein Wunder, denn die Ärzte hielten das für unmöglich. Inzwischen ist Lena sieben Jahre alt, sie besucht eine Schule und kann vielleicht eines Tages Buchstaben schreiben.

Anna ist trotz der Einschränkungen überaus glücklich mit ihrem Kind: »Unsere behinderten Kinder sind, und ich sage das mit zitternder Stimme, wie Zombies – und sie sind doch eine Bereicherung.« Ihr ist durchaus bekannt, dass manche, wie der Biochemiker und Nobelpreisträger James Watson, meinen, es sei unverantwortlich, die Geburt eines unheilbar kranken Kindes zuzulassen, das verursache nur unnötiges Leid. Anna widerspricht: »Er will das Schicksal abschaffen, das ist anmaßend. Zum Leben gehört Leid. Lebenswertes Leben, unwertes Leben – das ist ein gefährliches Terrain. Lenchen, mein behindertes Kind, ist der froheste Mensch, den ich kenne. Sie ist unglaublich süß.

Heute würde ich mich keiner pränatalen Diagnostik mehr unterwerfen.«[28]

Betroffene wie Boris Grundl oder Anna King zeigen: Nach einer persönlichen Katastrophe brauchen wir Zeit, um die damit verbundenen Gefühle zu verarbeiten. Aber irgendwann sollten wir aufhören, mit unserem Schicksal zu hadern. Denn dann ist der entscheidende Schritt möglich, mit dem wir die Situation zum Positiven verändern können – oder uns selbst: Wir entdecken einen Sinn in unserem Leiden. Der Philosoph Friedrich Nietzsche hat gewiss Recht, wenn er sagt: »Wer ein Warum im Leben kennt, erträgt fast jedes Wie.«

Zweiter Schritt: Einen Sinn darin sehen

Weltkongress für Psychotherapie im Juli 1994 in Hamburg. Der kleine, weißhaarige Herr, der zum Rednerpult geführt wird, ist schon fast 90. Die Veranstalter bitten darum, ihn nicht mit Blitzlicht zu fotografieren, seine Augen würden darunter leiden. Aber als er zu sprechen beginnt, ist von Alter oder körperlicher Schwäche nichts mehr zu spüren. In der bis auf den letzten Platz gefüllten Kongresshalle wird es mucksmäuschenstill. Ich bin, wie wohl alle anderen auch, von der Persönlichkeit des Redners tief beeindruckt. Vorne steht Viktor Frankl, Begründer der Logotherapie, emeritierter Professor für Neurologie und Psychiatrie an der Universität Wien, Psychotherapeut, einer der größten Fachleute auf seinem Gebiet. Die von ihm begründete Therapiemethode der Existenzanalyse, auch Logotherapie genannt, beruht auf der Annahme, dass der Mensch existenziell auf Sinn ausgerichtet ist. Keinen Sinn im Leben zu sehen kann zu psychischen Krankheiten führen, ebenso wie ein wiedergefundener Sinn heilen kann. Auf dieser Erkenntnis hat Frankl nicht nur eine wirksame Therapiemethode entwickelt, er ist selbst ein wahrhaftiger Zeuge dafür, dass wir sogar schwerste Schicksalsschläge überwinden können, wenn es uns gelingt, einen Sinn darin zu entdecken.

Viktor Frankl wird 1905 als Sohn eines jüdischen Beamten in Wien geboren. Nach dem Abitur studiert er Medizin mit dem Schwerpunkt auf Depressionen und Suizid. Er hat Kontakt zu Sigmund Freud und Alfred Adler, von 1933 bis 1937 ist er Oberarzt im Psychiatrischen Krankenhaus in Wien und betreut dort selbstmordgefährdete Frauen. Nach dem Einmarsch Hitlers in Österreich wird ihm aufgrund seiner jüdischen Herkunft untersagt, arische Patienten zu behandeln. Er übernimmt die Leitung der neurologischen Abteilung des Rothschild-Spitals, des einzigen Krankenhauses, in dem in Wien noch jüdische Patienten behandelt werden. Wenig später werden er, seine Frau und seine Eltern ins Ghetto Theresienstadt deportiert. Sein Vater stirbt dort ein Jahr später, seine Mutter wird in der Gaskammer von Auschwitz ermordet, seine Frau stirbt im KZ Bergen-Belsen. Frankl selbst wird von Theresienstadt nach Auschwitz gebracht, dann in ein Außenlager des KZ Dachau transportiert. 1945 wird er dort von der US-Armee befreit. Seine furchtbaren Erfahrungen verarbeitet er danach in dem Buch *Trotzdem Ja zum Leben sagen*. Darin beschreibt er, wie sich ihm selbst in dieser extremen, hoffnungslosen Situation ein Sinn offenbarte. Dieser Sinn lässt sich ganz gewiss niemals in der Ermordung unschuldiger Menschen finden, danach zu fragen würde in die Verzweiflung führen. Er kann sich aber dem Betroffenen individuell zeigen: »Sofern nun das konkrete Schicksal dem Menschen ein Leid auferlegt, wird er auch in diesem Leid eine Aufgabe, und ebenfalls eine ganz einmalige Aufgabe sehen müssen.« Im Konzentrationslager findet Frankl den Sinn für sich im Bewältigen der täglichen grausamen Anforderungen: im Bewahren der Würde und der Menschlichkeit. Im seelischen Aufrichten verzweifelter Mithäftlinge. In der Erkenntnis, dass die Liebe zu seiner Frau auch über Trennung und Tod hinaus dauert. Und in dem Vorsatz, dass, wenn er diesen Schrecken überlebt, er als Zeuge davon berichten will.

In seinem Vortrag auf dem Kongress weist Frankl sein Publikum noch einmal mit Nachdruck darauf hin, dass wir uns in Schmerz und Leid auf die Suche nach dem Sinn machen müssen, wenn wir innerlich wachsen wollen. Er betont aber auch: »Sinn muss gefunden werden, kann nicht erzeugt werden.« Niemand kann uns den Sinn unseres Schicksalsschlages verordnen, es ist notwendig, dass wir ihn selbst entdecken.

Was ist der Sinn?

Ich war 13 Jahre alt, als meine Schwester Silke geboren wurde. Als sie das erste Mal die Augen öffnete, fiel uns auf, dass sie mandelförmig waren und leicht schräg standen. Ich erinnere mich noch, dass ich das besonders hübsch fand. Was wir nicht ahnten und worüber uns auch kein Arzt aufklärte: Diese Augenform ist ein Hinweis auf das Down-Syndrom. Silke war mongoloid. Ende der 50er Jahren war allgemein noch kaum etwas über Chromosomenveränderung und ihre Folgen bekannt. Solche Kinder sah man auch nicht auf der Straße. Und so wunderten wir uns nur, warum Silke sich so langsam entwickelte. Wir schoben es auf ihre körperlichen Behinderungen. Sie litt an einer Klumpfußstellung, ihre Füße waren nach innen gedreht, sodass sie später kaum stehen oder laufen konnte. Außerdem hatte sie einen Herzfehler, der häufig zu nächtlichen Anfällen führte, in denen sie nach Luft rang.

Erst ein Vierteljahr später erfuhren wir die Wahrheit. Mein Vater hatte Medikamente beim Kinderarzt abgeholt. Als er nach Hause kam, konnte er vor Tränen kaum sprechen. Ich hatte meinen Vater nie vorher weinen gesehen. Der Arzt hatte ihm eröffnet, dass Silke unheilbar behindert war. »Trisomie 21« hieß das in der Fachsprache. Wir sahen im medizinischen Lexikon nach, was das genau bedeutete. Ein Schicksalsschlag, der uns in seiner Hoffnungslosigkeit auf Heilung verzweifelt machte. Nach dem Sinn wagte keiner von uns zu fragen, wohl deshalb nicht, weil für eine Pastorenfamilie alles in Gottes Hand liegt – und dessen Wege sind ja für uns Menschen oft unverständlich.

Doch allmählich entfaltete sich der Sinn ganz von selbst: Die Predigten meines Vaters und seine seelsorgerliche Tätigkeit bekamen deutlich mehr Tiefe und berührten die Zuhörer anders als vorher. Wer Leid am eigenen Leibe erlebt hat, kann wirklich mitfühlen und trösten, weil er weiß, wovon er spricht. Meine Mutter engagierte sich intensiv in dem Verein »Lebenshilfe«, der behinderte Kinder betreut. Ich fing an, mich für Psychologie zu interessieren, und las alles, was ich in der Bücherei dazu kriegen konnte, in der Hoffnung, meiner kleinen Schwester doch noch irgendwie helfen zu können. Das war zwar ein vergeblicher Wunsch, brachte mich aber zu dem Fach, das später mein Arbeitsbereich werden sollte. Und vor allem: Wir liebten das Kind, vielleicht noch mehr, als wenn es gesund gewesen wäre. Silke starb mit sechs Jahren an einem Herzanfall. Wenn wir später über die Zeit mit ihr sprachen, dann romantisierten wir sie keineswegs. Es hatte uns alle viel Kraft gekostet und mich meine unbeschwerte Jugend. Es war auch nicht einfach, mit dem Schmerz über ihren Tod fertig zu werden. Doch gleichzeitig waren wir dankbar, dass Silke durch ihr Dasein jedem von uns etwas Wertvolles für die Entwicklung seiner Persönlichkeit und seine Aufgabe im Leben geschenkt hat.

Der individuelle Sinn braucht Zeit, um sich zu entfalten. Wenn wir ihn für uns entdecken wollen, ist es hilfreich, sich zu fragen: Was ist mein Gewinn aus diesem Schicksalsschlag? Das mag zunächst zynisch klingen, aber tatsächlich findet sich fast immer etwas Gutes im Schlechten.

Manchmal ist der Gewinn – und damit der Sinn – schon bald äußerlich sichtbar. Wie etwa bei der von der Presse als »Cashmere-Queen« bezeichneten Modedesignerin Iris von Arnim: Anfang der 70er Jahre musste sie nach einem schweren Autounfall lange im Krankenhaus liegen. Sie fing an zu stricken. Daraus wurde eine Geschäftsidee, und heute beliefert sie mit ihren hochwertigen Strickwaren Kunden weltweit.

Oft besteht der Gewinn aber auch darin, dass sich ein Mensch durch das Ereignis innerlich verändert. Seine Persönlichkeit bekommt eine Dimension, die bisher gefehlt hat. Boris Grundl berichtet, dass er vor seinem Unfall sehr leistungsorientiert war. Die Anerkennung von außen bedeutete ihm viel. »Damals war ich abhängig von anderen, die mich für meine Leistung mit Anerkennung oder Liebe belohnten. Ich war nicht frei, und ich lernte erst nach dem Unfall, dass ich meine Freiheit nur finde, wenn ich mir meinen eigenen inneren Bezugsrahmen schaffe. In der Klinik musste ich mehr leisten als je zuvor, aber es ging nicht mehr darum, die Öffentlichkeit zu beeindrucken.«[29]

Auch Anna King hat der Schicksalsschlag verändert: »Ich hielt mich für schlauer als die anderen, für intellektueller, ich war immer auf der Gewinnerseite, ein Alphatier – und nun zerbröselten mein Stolz und meine Überheblichkeit.« Durch ihr behindertes Kind hat sie gelernt, Hilfe anzunehmen und Hilfe zu geben, indem sie Vorträge hält und Spenden für das Behindertenheim sammelt. Für manche verschiebt sich durch die Katastrophe auch die Gewichtung in ihrem Leben. Sie erkennen plötzlich, was wirklich zählt. Mehr als einmal habe ich von Krebskranken gehört: »Jetzt wage ich endlich, an mich zu denken.«

Der Sinn des Leidens

Was aber ist, wenn sich kein Sinn mehr finden lässt? Wenn der Schicksalsschlag einfach nur grausam und unverständlich erscheint? Viktor Frankl sieht einen letzten großen Sinn darin, dass wir dann das unabwendbare, hoffnungslose Leid mit Würde annehmen und ertragen. »Darin aber, wie er selbst, der von diesem Schicksal Betroffene, dieses Leid trägt, darin liegt auch die einmalige Möglichkeit zu einer einzigartigen Leistung.«[30] Selbst einem völlig sinnlos erscheinenden Leiden und Sterben können wir einen Sinn geben, indem wir entscheiden, wie wir darauf reagieren wollen: »In der Art, wie ein Mensch sein unabwendbares Schicksal auf sich nimmt, mit diesem Schicksal all das Leiden, das es ihm auferlegt, darin eröffnet sich auch noch in den schwierigsten Situationen und noch bis zur letzten Minute eine Fülle von Möglichkeiten, das Leben sinnvoll zu gestalten. Je nachdem, ob einer mutig und tapfer bleibt, würdig und selbstlos oder aber im bis aufs äußerste zugespitzten Kampf um die Selbsterhaltung sein Menschtum vergisst – je nachdem hat der Mensch die Wertmöglichkeit, die ihm seine leidvolle Situation und sein schweres Schicksal geboten haben, verwirklicht oder verwirkt.«[31]

Indem man dem Leiden mit einer würdigen Haltung begegnet, ergibt sich außer dem individuellen zusätzlich noch ein weiterer Sinn: Die Betroffenen werden zum Vorbild für andere Menschen in ähnlichen Situationen.

Im Sommer 1994 erfährt der lebenslustige, aktive Soziologieprofessor Morrie Schwartz, dass er unheilbar an einem Leiden des Nervensystems erkrankt ist. Die Krankheit führt mit Sicherheit zum Tode. Häufig beginnt sie an den Beinen und breitet sich dann nach oben aus. Man verliert die Kontrolle über die Oberschenkelmuskeln und kann nicht mehr gehen. Dann versagt die Rumpfmuskulatur, sodass man nicht mehr sitzen kann. Schließlich atmet man nur noch durch ein Röhrchen in einem Loch im Hals, während der Geist hellwach in einer erschlafften Körperhülle gefangen ist, vielleicht ist man noch fähig zu blinzeln oder mit der Zunge zu schnalzen. Am Ende versagt die Atmung, man erstickt.

Morries Ärzte vermuten, dass er noch zwei Jahre zu leben hat. Er ahnt, dass es nur noch ein paar Monate sind, und fragt sich: Werde ich jetzt nach und nach verwelken und verschwinden – oder werde ich das Beste aus der Zeit machen, die mir verbleibt? Morrie entschließt sich, sein langsames Sterben zu seinem letzten großen Projekt zu machen. Seine ungewöhnliche Überlegung ist: Da jeder irgendwann sterben muss, könnte doch sein Leiden bis zum Tode noch anderen Menschen von Nutzen sein. Er könnte sich auf dem Weg zum Sterben zu Forschungszwecken zur Verfügung stellen, sozusagen als menschliches Lehrbuch: »Studier mich, wie ich langsam und geduldig sterbe. Lern mit mir.«[32] Während er jene Brücke zwischen Leben und Tod überquert, würde er darüber Bericht erstatten. Es geht ihm darum zu beweisen, dass das eine tödliche Krankheit kein Synonym für »nutzlos« ist.

Unerwartet erhält er für sein Projekt einen Chronisten. Mitch Albom, ein bekannter Sportjournalist, hat vor 16 Jahren bei Professor Schwartz studiert. Zufällig sieht er in einer Talkshow seinen ehemaligen Professor, der über die Möglichkeit spricht, mit Würde, Mut, Humor und Gelassenheit dem Tod entgegenzugehen. Spontan beschließt Mitch, ihn zu besuchen. Was als einmalige Begegnung gedacht ist, entwickelt sich zum regelmäßigen Treffen. Jeden Dienstag nimmt sich der Workaholic Albom einen Tag frei und fliegt 1500 km hin und zurück zum letzten Kurs im Leben des Soziologieprofessors Morrie Schwartz. Die beiden sprechen über den Sinn des Lebens, über Liebe, Arbeit, Gemeinschaft, Alter, Verzeihen. Um nichts von den weisen Worten seines Lehrers zu vergessen, nimmt Mitch sie auf einem Kassettenrekorder auf. Morrie lehrt ihn, im Angesicht seines eigenen Todes, das Leben zu lieben. Während er körperlich zunehmend verfällt, vermittelt er ihm und den Menschen um ihn herum, wie wichtig Liebe, Sanftheit, Zärtlichkeit und Vertrauen sind.

Morrie Schwartz stirbt an einem Samstag im November. Seine Beerdigung ist wie eine Abschlussfeier zur Beendigung seines Kurses in Lebenskunst für Fortgeschrittene. Mitch Albom dokumentiert die gemeinsamen Gespräche in seinem Buch *Dienstags bei Morrie. Die Lehre eines Lebens*. In den USA wird es zu einem der erfolgreichsten Sachbücher des vergangenen Jahrzehnts und hält sich mehr als drei Jahre an der Spitze der Bestsellerlisten. Auf diese Weise dringt die Lehre des Professors auch über das private Umfeld hinaus und berührt viele Leser.

Wir sind nicht machtlos

Schicksalsschläge machen uns demütig, ob wir es wollen oder nicht. Wir müssen erkennen, dass wir nicht allmächtig sind und keineswegs alles in der Hand haben. Wir erfahren, wie klein, zerbrechlich und verletzlich wir tatsächlich sind. Aber dennoch sind wir nicht machtlos. Unsere Macht liegt in unserem Geist und in unserer Seele, in der Entscheidung, wie wir reagieren wollen. Wir können aufgeben, uns beklagen, Schuld zuweisen, mit Gott und der Welt hadern. Oder wir können beschließen, dem Schicksalsschlag mit Tapferkeit und Mut zu begegnen. Wir können das Beste aus dem machen, was uns bleibt. Das ist manchmal sehr viel, manchmal fast nichts.

Wir sollten uns in guten Zeiten daran erinnern, dass Gesundheit, Harmonie, Erfolg und Glück Geschenke sind, auf die es keine Garantie gibt. Es kann sein, dass Sie gleich aus dem Haus gehen – und fünf Minuten später ist in Ihrem Leben nichts mehr, wie es war. Dann wird es wichtig sein, dass Sie die beiden entscheidenden Schritte kennen: Nehmen Sie an, was ist, und erkennen Sie den Sinn darin.

Gefahren

Das Damoklesschwert einer Katastrophe oder einer Gefahr hängt immer über uns. Zum Glück sind wir uns nicht ständig aller möglichen Gefahren bewusst, sonst würden wir uns kaum noch aus dem Haus trauen. Andererseits ist der Glaube »Es wird schon gut gehen« reichlich naiv. Von daher ist es notwendig, dass wir zwischen übertriebener Ängstlichkeit und fahrlässigem Verdrängen einen angemessenen Weg finden.

Falls Sie einmal überprüfen möchten, welche Einstellung Sie selbst zur Gefahr haben, beantworten Sie sich die folgende Frage. Welches Sprichwort trifft für Sie am meisten zu?

- Wer sich in Gefahr begibt, der kommt darin um.
- Gefahr erkannt – Gefahr gebannt.
- No risk, no fun.

Wenn Sie die erste Antwort gewählt haben, sind Sie vermutlich ein sehr vorsichtiger Mensch und begeben sich ungern in unbekannte Situationen. Zwar schauen Sie manchmal ein bisschen neidisch auf Menschen, die sich etwas trauen. Aber wenn die damit scheitern, sagen Sie erschüttert oder schadenfroh: »Das habe ich kommen sehen!«

Ihnen liegt eher Antwort Nr. 2? Dann scheuen Sie sich gewiss nicht, Herausforderungen anzunehmen, aber Sie behalten dabei gerne die Kontrolle. Dazu gehört, dass Sie sich gründlich auf eine unbekannte

Situation vorbereiten. Die Kehrseite der Medaille: Sie geraten ins Schleudern, falls es doch mal ganz anders kommt als erwartet.

Ihre Lieblingsalternative ist »No risk. No fun«? Das lässt darauf schließen, dass Sie recht spontan sind. Wenn Sie eine unbekannte Situation reizt, werfen Sie sich voll hinein, meist ohne Netz und doppelten Boden. Das hat etwas von Roulette: Sie können viel gewinnen (Spaß, Erfolg) oder böse auf die Nase fallen (Schmerz, Enttäuschung).

Den Königsweg gibt es jedoch nicht: Alle drei Sprichwörter haben ihre Berechtigung. Wer ängstlich jede Herausforderung meidet, weil er vielleicht scheitern könnte, führt ein reduziertes Leben. Andererseits wäre es purer Leichtsinn, sich blauäugig in gefährliche Situationen zu begeben. Lässt sich allerdings eine Gefahr nicht vermeiden, dann sollten wir uns wenigstens gründlich auf eventuelle Krisen vorbereiten.

Leider können wir uns nicht immer aussuchen, ob und auf welche Weise wir einer Gefahr begegnen möchten. Manchmal wirft uns das Schicksal unverhofft in die Gefahrenzone. Ob wir dann noch eine Chance haben, heil herauszukommen, liegt zwar nicht in jedem Fall in unserer Hand, aber doch öfter, als wir glauben.

Katastrophenschutz

Mit bösen Überraschungen befasst sich der englische Wissenschaftler John Leach, er untersucht das Verhalten in Katastrophensituationen, etwa bei einem Brand im Tunnel oder einem Schiffsunglück. Nach Leach lassen sich die Menschen bei einem Notfall in drei Gruppen unterteilen: Zur ersten Gruppe gehören diejenigen, die absolut keine Möglichkeit mehr haben, sich zu retten. Die zweite Gruppe besteht aus denjenigen, die überleben. Zur dritten Gruppe zählen diejenigen, die hätten überleben können, wenn sie sich richtig verhalten hätten.

So tragisch es auch ist, in vielen Fällen haben die Betroffenen nicht die geringste Überlebenschance, zum Beispiel bei Explosionen oder Naturkatastrophen. Leach bezeichnet das als Realitätsprinzip. »Manchmal hat man keine Wahl. Man stirbt. Punkt. So ist das einfach.« Die Betroffenen haben nichts falsch gemacht, bestimmte Krisen sind eben nicht zu überleben. Das ist Schicksal.

Im Fokus der Wissenschaft bleiben die übrigen, die noch eine Chance haben. Nach Leach verhalten sich in bedrohlichen Situationen etwa 10 Prozent der Menschen relativ ruhig und rational. Sie schätzen die Situation richtig ein, treffen ihre Entscheidungen konzentriert und präzise. Die überwiegende Mehrheit dagegen, circa 80 Prozent, reagieren zunächst fassungslos und verwirrt. Der Schock schränkt ihre Wahrnehmung ein, sie registrieren nicht mehr genau, was um sie herum vorgeht. Entscheidend ist, dass sie sich möglichst rasch von der Gehirnblockade erholen, die Lähmung abschütteln und überlegen, was zu tun ist.

Die letzten 10 Prozent tun schlicht gesagt das Falsche. Sie verhalten sich unangemessen und oft kontraproduktiv. Sie verlieren die Kontrolle über sich, rasten aus und schaffen es nicht, sich zusammenzureißen.

Bleiben Sie cool

Wenn Sie an Ihre eigenen Reaktionen unter Stress denken, können Sie vielleicht vorhersagen, ob Sie zur Gruppe der Coolen gehören, die überlegt reagieren, zur Mehrheit, die im ersten Moment erstarrt, oder zu denjenigen, die extrem gefährdet sind, weil sie in Panik geraten. Tatsächlich aber ist eine zutreffende Vorhersage sehr schwer. Selbst Profis wie Feuerwehrleute oder Polizisten reagieren nicht immer souverän. Allerdings sind sich die meisten Experten darin einig, dass jeder – ganz gleich, in welche Kategorie er sich einordnet – ein angemessenes Krisenverhalten lernen kann. Mit einiger Übung können wir uns das Verhalten von Überlebenskünstlern aneignen.[33]

Nehmen Sie vorab alle Informationen auf. Anstatt sich in eine Zeitschrift zu vertiefen, schauen Sie im Flieger wieder genau hin, wenn die Stewardess Hinweise für den Katastrophenfall gibt, oder lesen Sie die Anleitung für den Notfall. Informieren Sie sich im Hotelzimmer als Erstes über den Fluchtweg bei Brandgefahr. Wenn Sie ins Kino, ins Konzert oder auf den Sportplatz gehen, schauen Sie, wo die Ausgänge sind. Sorgen Sie dafür, dass Sie die Telefonnummern von Feuerwehr, Polizei, Notarzt und Giftzentrale im Kopf oder bei einem Notfall sofort zur Hand haben. Das klingt nach Paranoia? Sehen Sie es lieber so: Nicht vorbereitet zu sein ist Leichtsinn.

Rechnen Sie mit Lähmung und überwinden Sie sie. Wenn Unerwartetes geschieht, wie etwa bei einem drohenden Flugzeugabsturz, versucht unser Gehirn diese Erfahrung mit einer Erinnerung an ähnliche Situationen in der Vergangenheit abzugleichen. Da es nichts dergleichen findet, verharren wir passiv auf der Stelle, obwohl wir uns der Gefahr bewusst sind. Von diesem Phänomen berichten viele, die den Einsturz des World Trade Centers überlebt haben. Nach dem Aufprall des Terroristen-Flugzeugs saßen sie reglos auf ihren Bürostühlen, anstatt sofort ins Treppenhaus zu laufen. Wenn Sie wissen, dass es sich dabei nur um eine situationsbedingte Gehirnblockade handelt, können Sie sich bewusst zur Aktivität zwingen.

Zerlegen Sie die Krise in einzelne Stücke. In einer Katastrophe fühlen wir uns einfach überwältigt. Die Herausforderung scheint uns zu groß, das Hindernis unüberwindlich, das Problem unlösbar. In der Überlebensschule der U.S. Air Force lernt man, diese Verwirrung mit einem Leitsatz zu überwinden, der sich als Bild gut ins Gedächtnis einprägt: »Man verspeist einen Elefanten Stück für Stück.« Das heißt: ein Teilziel nach dem anderen angehen. Tun Sie jeweils das Nächstliegende, zum Beispiel die Rettungsweste anlegen, und machen sich währenddessen keine Gedanken darüber, wie es weitergeht.

Rüdiger Nehberg, Deutschlands bekanntester Überlebenskünstler, auch respektvoll »Sir Vival« genannt, hat viele Gefahren überstanden, zum Beispiel 25 bewaffnete Raubüberfälle, eine Atlantiküberquerung im Tretboot und nacktes Aussetzen per Hubschrauber im Regenwald. Vor kurzem ist er 75 geworden. Dem Mann darf man also gewiss vertrauen, wenn er von Prophylaxe spricht: »Um meine Überlebenschancen nicht unter den Nullpunkt zu treiben und stattdessen lieber dem vorzeitigen Tod ein Schnippchen zu schlagen, begannen alle Vorhaben mit der Analyse sämtlicher Gefahren. Beispiel Atlantik-Überquerung. Die Risiken waren klar: Schiffbruch, Einsamkeit, Wassermangel, Kälte, Hitze, Dunkelheit, Sturm, Windstille, Salz, Dauer, Über-Bord-gehen, Piraten, Kollisionen, Krankheit, Knochenbruch. Ist diese Gefahrenliste angefertigt, heißt es, alle Risiken zu minimieren durch gezieltes Training und Bildung. Das ist so spannend wie die Reise selbst.«[34]

Für uns ist die Vorbereitung auf eine mögliche Gefahr sicher nicht gerade ein lustvolles Abenteuer, sondern eher lästig oder bedrohlich, doch im Ernstfall können Ihnen Ihr Wissen und eine gute Vorbereitung das Leben retten.

Die menschliche Gefahr

Nicht alles, was uns schicksalhaft an Üblem widerfährt, ist Katastrophen geschuldet. In vielen Fällen sind es Menschen, die anderen Menschen bewusst ein Leid antun, indem sie sie bedrohen, berauben, verletzen, vergewaltigen, töten. Glücklicherweise hat uns die Natur ein Instrument mitgegeben, das uns in solchen Situationen – sofern wir davon nicht völlig überrascht werden – warnt und zur Flucht bereit macht: die Angst.

»Wahre Angst ist ein Geschenk«, sagt Gavin de Becker. Er ist einer der bekanntesten Experten für Personenschutz in den USA. Zu seiner prominenten Klientel zählen etwa Madonna, Oprah Winfrey und Robert Redford. Vor allem ist er für seine wirkungsvollen Methoden zur Gewaltprävention bekannt geworden, die inzwischen von der US-Regierung und der Polizei angewandt werden. De Becker ist davon überzeugt, dass jeder von uns ein Experte dafür ist, gewalttätiges Verhalten vorherzusehen. Was uns dazu befähigt, ist unsere Intuition.[35] Wie Sie bereits wissen, verarbeiten wir mit ihr komplexe Informationen, ohne dass wir das Denken einschalten müssen. Unser Unbewusstes ist in der Lage, weitaus mehr Details zu berücksichtigen als unser Bewusstsein. Jede Interaktion mit einem anderen Menschen hat einen emotionalen Unterton. Körpersprache, Stimmlage und Mimik werden unterhalb der Schwelle des Bewusstseins verarbeitet. Während wir kontrolliert mit einandersprechen, tauschen wir blitzschnell subtile Informationen aus. Von daher liegt es auf der Hand, dass sich unsere Intuition besonders als Warnmelder bewährt. Durch Angst und Unbehagen signalisiert sie uns, wann wir vorsichtig sein sollten.

Der Intuition vertrauen

Kelly schleppt schwere Einkaufstüten zur Eingangstür ihres Appartementhauses. Wieder einmal ärgert sie sich darüber, dass ihre nachlässigen Nachbarn vergessen haben, sie zu schließen. Kelly steigt die Treppe zu ihrer Wohnung im vierten Stock hoch. Kurz vor dem Treppenabsatz im dritten Stock reißt eine der Papiertüten, ein paar Dosen mit Katzenfutter fallen heraus und kollern bis hinunter in den ersten Stock. »Ich hab sie schon! Ich bring sie Ihnen!«, ruft eine Stimme von unten. Der freundlich ausschauende junge Mann muss offenbar schon vor Kelly im Treppenhaus gewesen sein. Als er ihre Tüten sieht, sagt er: »Das ist doch viel zu schwer für Sie. Warten Sie, ich helfe Ihnen. In welchen Stock müssen Sie?« Kelly wehrt ab: »In den vierten, aber ich brauche wirklich keine Hilfe.« Doch der junge Mann will davon nichts wissen. »Ich muss auch in den vierten Stock, und ich bin schon spät dran.

Ist nicht meine Schuld, meine Uhr ist kaputt.« Kelly will ihm zunächst die Tüte nicht überlassen. »Nein wirklich, das ist nicht nötig, vielen Dank.« Die Hand noch immer auf der Tüte, kontert er: »Man kann auch zu stolz sein, wissen Sie?« Schließlich willigt sie ein und überlässt ihm die Tüte. »Wir sollten uns beeilen«, sagt ihr Helfer, »da oben wartet eine hungrige Katze.« Obwohl er im Augenblick nichts anderes zu wollen scheint, als ihr zu helfen, beschleicht Kelly ein ungutes Gefühl. Aber er ist freundlich und ritterlich, und sie ist ein wenig beschämt, dass sie ihm misstraut. Sie geht auf ihre Wohnungstür zu. »Wussten Sie, dass eine Katze drei Wochen ohne Futter überlebt?«, fragt der junge Mann. »Ich weiß das, weil ich mal einem Freund versprochen habe, seine Katze zu füttern, während er verreist war, und ich habe es vergessen.« Kelly schließt die Wohnungstür auf. »Vielen Dank, ich nehme jetzt die Sachen«, sagt sie und hofft, dass er ihr die Tüten gibt und sich verabschiedet. Stattdessen sagt er: »Aber nein, ich bin doch nicht so weit mitgekommen, damit Sie hier noch einmal Katzenfutter-Dosen herumstreuen. Ich bringe sie Ihnen hinein.« Als sie zögert, lacht er verständnisvoll: »Wir können die Tür offen lassen. Ich setze nur die Sachen hier ab und gehe gleich wieder. Versprochen.« Kelly lässt ihn in ihre Wohnung. Er hält sein Versprechen nicht, quält und vergewaltigt sie stundenlang.

Wie Kelly inzwischen weiß, war sie nicht sein erstes Opfer, eine andere Frau hat er mit Messerstichen getötet. Zum Glück konnte sie entkommen. De Becker, dem Kelly die Geschichte erzählt, geht mit ihr die Geschehnisse im Treppenhaus noch einmal Schritt für Schritt durch. Allmählich erkennt sie, dass sie in diese lebensgefährliche Situation geraten ist, weil sie von Anfang an wichtige Signale übersehen hat.

Der Fachmann für Gewaltprävention hat es schon häufig erlebt, dass sich Opfer rückwirkend sehr wohl an Details erinnern, die sie hätten warnen können. Warum haben sie nicht darauf gehört? Weil sie diese Signale verleugnet und missachtet haben. Manchmal sollten wir besser kritisch bleiben. Auch Kelly hat ihr intuitives Gefühl von Unbehagen übertönt.

Signale der Gefahr

De Becker hat eine Liste der häufigsten Anzeichen für eine Bedrohung zusammengestellt:[36]

Erzwungene Gemeinsamkeit. Indem sie ein gemeinsames Ziel oder eine gemeinsame Erfahrung vorgeben, bringen Kriminelle ihre Opfer dazu, ihnen zu vertrauen. Mit dem Wörtchen »wir« stellen sie eine Nähe her, die in Wirklichkeit gar nicht existiert: Wie bei Kelly: »Wir sollten uns beeilen, da oben wartet eine hungrige Katze.« Es ist schwer, diese künstliche »Wir-sitzen-im-selben-Boot«-Haltung zurückzuweisen, ohne sich unhöflich vorzukommen.

Charme und Nettigkeit. Menschen, die andere dominieren wollen, präsentieren sich zu Anfang meist besonders freundlich. Diese Art der Liebenswürdigkeit ist jedoch keine echte Eigenschaft, sondern Strategie. Mit Charme lässt sich das Opfer bannen und kontrollieren. Um herauszufinden, ob es sich um eine Manipulation handelt, sollte man dem Charmeur genau ins Gesicht schauen. Darin lassen sich feinste Gefühlsnuancen ablesen, die meist die wahre Absicht entlarven, wie etwa kalte Augen über einem liebenswürdigen Lächeln.

Zu viele Details. Wer die Wahrheit sagt, kommt gar nicht auf die Idee, dass man daran zweifeln könnte. Dagegen fürchten Menschen, die etwas verbergen wollen, dass ihre Geschichte nicht schlüssig klingt und erzählen mehr als nötig. Ihr Ziel ist es, vom Wesentlichen abzulenken: dem geplanten Verbrechen. In Kellys Fall findet sich das in der Bemerkung mit der kaputten Uhr und der hungrigen Katze des Freundes.

Rollenfestlegung. Der Trick besteht darin, jemanden in abschätziger Weise zu typisieren. Automatisch wird er sich herausgefordert fühlen, das Gegenteil zu beweisen – und hängt damit am Angelhaken. »Sie haben wohl etwas gegen Ausländer?«. »Sie sind sicher zu fein, um mit mir auszugehen.« Genau darauf ist auch Kelly hereingefallen. Auf die gezielte Abwertung »Man kann auch zu stolz sein, wissen Sie.« hat sie wie erwartet reagiert, indem sie sich helfen ließ. Die beste Verteidigung gegen eine solche Zuschreibung besteht darin, sie konsequent zu überhören. Was ein Fremder über Sie denkt, sollte Ihnen egal sein.

Die Dankbarkeitsfalle. Sobald wir jemandem etwas schulden, fällt es uns schwer, ihn zurückzuweisen. De Becker nennt Menschen, die damit bewusst manipulieren »Wucherer«. Sie bieten ungefragt Hilfe an und verpflichten damit zur Gegenleistung, indem sie zum Beispiel Koffer tragen oder ganze Straßenzüge mit Ihnen gehen, wenn Sie nach dem Weg fragen. Ob wirklich Hilfsbereitschaft dahinter steckt, zeigt sich an den anschließenden Forderungen. »Jetzt müssen Sie mir aber auch erlauben, Sie zu einer Tasse Kaffee einzuladen.« »Könnte ich wohl ein Glas Wasser haben?«

Unerbetenes Versprechen. Versicherungen von Unbekannten in der Art »Ich gehe auch gleich wieder, versprochen« oder »Ich überweise Ihnen das geliehene Geld sofort« deuten fast immer auf ein fragwürdiges Motiv. Mit einem betonten Versprechen will der Betreffende sein misstrauisches Gegenüber beruhigen. Tatsächlich handelt es sich aber nur um eine leere Formel. Ein echtes Versprechen klingt anders. Jede unverlangte Beteuerung sollte misstrauisch machen, denn mit großer Wahrscheinlichkeit wird genau das nicht passieren, was zugesagt wurde.

Überhören des Wörtchens Nein. Dieses Signal einer drohenden Gefahr ist das allgemeinste und gleichzeitig das wichtigste von allen. In der Begegnung mit Fremden sollte man sich niemals dazu überreden lassen, ein ursprüngliches Nein zurücknehmen. Faustregel: Über ein deutliches Nein wird nicht verhandelt. Wer das dennoch zulässt, gibt dem anderen die Erlaubnis, ihn auch in anderen Dingen unter seine Kontrolle zu bringen.

Warum so nett?

Tatsache ist, dass wir alle diese Signale wahrnehmen können und es im Vorfeld der Gefahr durchaus auch tun. Die Frage ist also, warum wir sie nicht auswerten und entsprechend ablehnend reagieren. Dahinter steckt eine Regel der Kommunikation: Uns liegt normalerweise viel daran, angemessen positiv auf eine Situation einzugehen. Schließlich macht uns das beliebt und bringt uns Erfolg. Wenn uns jemand helfen möchte, freundlich ist, sich um unser Vertrauen bemüht, dann fühlen wir uns verpflichtet, ebenfalls höflich zu sein. Dazu gehört auch, dass wir auf Nachfrage Informationen über uns preisgeben (»Ja, ich arbeite hier«, »Ich fahre auch jeden Morgen mit der Linie 3«) anstatt ruppig zu sagen: »Das geht Sie gar nichts an.«

Besonders Frauen haben durch ihre Erziehung zu sozialem Verhalten verinnerlicht, dass man freundlich und kooperativ sein soll. Damit sitzt der Feind zuerst in ihrem eigenen Kopf und flüstert: »Sei doch nicht so misstrauisch, der ist doch nur nett.« »Wenn du den Kaffee ablehnst, hält er dich bestimmt für eine arrogante Zicke.« »Ist ja nicht so wichtig. Deswegen muss man sich nicht streiten.« Männer haben es in diesem Punkt ein bisschen leichter, doch dafür lassen sie sich eher von ihrer Überlegenheit oder Eitelkeit beeinflussen: »Mit dem werde ich schon fertig.« »Na gut, wenn er nicht alleine klarkommt, dann gehe ich halt mit.« »Das ist doch nur ein armes Würstchen.«

Mit dieser beschwichtigenden inneren Stimme hebeln wir das feinste Instrumentarium für Gewaltprävention aus, das wir besitzen:

unsere Intuition. Wenn Sie sich unwohl fühlen, nehmen Sie das bitte ernst. Zu dem Zeitpunkt haben Sie in den meisten Fällen noch die Wahl, sich zu schützen.

Wenn der Ernstfall eintritt

Manchmal gibt uns das Schicksal eine Vorlaufzeit, manchmal kommt die Gefahr auch völlig überraschend. In beiden Fällen müssen wir in der Lage sein, ruhig zu bleiben und uns eine passende Strategie zu überlegen.

Eigentlich hatte sich der junge Mann nur aus Neugier bei der Polizei beworben. Wie ein zukünftiger Hüter des Gesetzes sah er auch nicht gerade aus, er trug einen Ohrring und hatte die Haare zum Pferdeschwanz gebunden. Man nahm ihn trotzdem oder vielleicht gerade deswegen: Er wurde einer Undercover-Einheit zugeteilt. Sein erster Job war es, das Vertrauen einer Gang von Drogendealern zu gewinnen. Der Boss war ein Schwerkrimineller, dem mehrere Morde zur Last gelegt wurden. Seinen gefährlichen Freunden erzählte der junge Undercover-Polizist, dass er als Bürobote arbeite und nebenbei Drogen verkaufe. Nach einem Treffen forderte der Boss das neue Gang-Mitglied auf, ihn in seinem Auto in die City mitzunehmen. Auf halber Strecke sagte er plötzlich: »So, und jetzt zeig mir mal dein Büro.« Ein Test auf Leben und Tod. Der junge Mann musste die Firma ansteuern, in der zu arbeiten er vorgegeben hatte. Das Fatale war nur: Er hatte sich das Gebäude nie angesehen, und keiner kannte ihn dort. Während er fuhr, versuchte er, seine Angst unter Kontrolle zu bringen. Im Geist spielte er alle möglichen Szenarien durch, aber keines war hilfreich.

Als er an dem Bürogebäude ankam, war die Zufahrt durch ein elektrisches Tor versperrt, für das man einen Code brauchte. Neben dem Tor stand ein Wachmann. Der Undercover-Polizist zermarterte sich das Hirn, was er ihm erzählen sollte. Er hielt an und wartete kurz. Dann blendete er die Scheinwerfer auf. Und das Wunder geschah: Der Wachmann öffnete das Tor. Direkt vor dem Gebäude war ein zweiter Wachmann postiert. Der junge Mann hielt direkt neben ihm, kurbelte die Scheibe herunter und fragte: »Ist John da?« Der Trick funktionierte. Gelangweilt sagte der Wachmann: »Keine Ahnung, geh rein und guck nach.« Inzwischen fand der Drogenboss, dass er genug gesehen hatte. Der Junge war sauber. Er knurrte: »Okay, fahren wir weiter.«

Dies ist keine Szene aus einem Action-Film, sondern ein wahres Erlebnis. Der Israeli Nisso Shacham hat es der Journalistin Amanda Ripley vom *Time Magazine* erzählt, die ihn für ihre Recherchen zum Verhalten bei Katastrophen interviewte.[37]

Schließen Sie doch mal die Augen und stellen Sie sich die Szene mit Ihnen in der Hauptrolle vor. Wie hätten Sie sich in so einer brenzligen Situation verhalten? Die meisten von uns hätten vermutlich schon vor dem Einfahrtstor mit ihrem Leben abgeschlossen und zitternd um ein Wunder gebetet. Shacham dagegen verhielt sich äußert kaltblütig, obwohl er Angst hatte. Er erwies sich in einer lebensgefährlichen Situation als belastbar. Da stellt sich die Frage: Woran liegt es, dass ein Mensch auch in höchster Gefahr souverän reagiert – und lässt sich das möglicherweise erlernen?

Selbstvertrauen in Krisensituationen

Sicherlich spielt in puncto Belastbarkeit das Naturell eine Rolle. Wenn ich Sie an die Big Five erinnern darf: Menschen mit einer hohen emotionalen Stabilität sind weniger schnell aus der Bahn zu werfen als solche, die offenbar schon von Hause aus ein schwaches Nervenkostüm haben. Doch wie im Falle der Genetik sind auch hier die angeborenen Eigenschaften nur die halbe Miete. Studien haben ergeben, dass vor allem ein großes Selbstvertrauen die Chance erhöht, in Krisensituationen ruhig Blut zu bewahren und sich optimal zu verhalten.

Wie entscheidend das Vertrauen in die eigene Kraft gerade in besonders kritischen und gefährlichen Situationen ist, belegt der Extrembergsteiger Alexander Huber, der ohne Seil und Sicherung klettert – eine selbst gewählte lebensgefährliche Situation. Es gibt ein Foto von ihm, auf dem er an einer senkrechten, glatten Felswand in 200 Metern Höhe hängt, ohne Ausrüstung, die Fußspitzen mit den Kletterschuhen auf einem für das bloße Auge kaum sichtbaren Vorsprung, die Hände in eine schmale Spalte gekrallt. Huber ist zwar ein versierter Stratege und bereitet seine Aufstiege akribisch vor, doch das Entscheidende ist für ihn jedes Mal der Glaube daran, dass er der Aufgabe gewachsen ist. Über seinen Aufstieg am Schleierwasserfall in Tirol, der zum Härtesten gehört, was je im Free Solo geklettert wurde, sagt er: »Die Chance, dass ich abstürzte, lag bei eins zu tausend. Und zwar deshalb, weil ich mir einfach nicht vorstellen konnte, dass ich runterfalle. Da war mein Selbstvertrauen riesig.«[38]

Selbstvertrauen ist nicht angeboren, sondern wird im Laufe des Lebens erworben. Damit ist es im Prinzip jedem von uns möglich, sich erfolgreich darum zu bemühen. Der Kern von Selbstvertrauen ist der Glaube daran, dass man kein armes Opfer ist, sondern die Fähigkeit besitzt, das Geschehen zu beeinflussen. Genau diese Haltung kann man einüben.

Vom Opfer-Modus zur Selbstbestimmung

Über 20 Jahre lang suchte der amerikanische Psychotherapeut Gary Emery nach einer Methode, die seinen Klienten schnell und effektiv helfen könnte, ihre Probleme zu lösen. Schließlich entdeckte er sie, zusammen mit seinem Kollegen James Campbell. Die Kernbotschaft dieser wirkungsvollen Methode lautet »Wahl statt Veränderung« (»choice versus change«). Zwischen beidem gibt es einen kleinen, aber bedeutsamen Unterschied.

- Im Veränderungssystem lautet der Grundsatz: Das muss sich ändern, sonst bin ich unglücklich.
- Im Wahlsystem lautet der Grundsatz: Ich bin dafür verantwortlich, meine Gedanken, Gefühle und Handlungen so zu wählen, dass ich trotz der Gegebenheiten glücklich bin.[39]

Im Veränderungssystem sind Sie auf den guten Willen anderer Menschen angewiesen, auf ein gütiges Schicksal oder einen glücklichen Zufall. Im Wahlsystem dagegen haben Sie selbst in der Hand, wie es Ihnen geht. Was Sie denken, fühlen oder tun, liegt komplett bei Ihnen. Es ist uns nur meist nicht bewusst, dass wir uns immer zwischen mehreren Möglichkeiten entscheiden können.

Angenommen, Sie erfahren, dass Ihr Partner oder Ihre Partnerin Sie betrogen hat. Wahrscheinlich glauben Sie, dass Ihnen nur eine einzige Reaktion möglich wäre. Doch das ist keineswegs so. Ihnen steht ein ganzes Spektrum zur Verfügung: Sie können sich traurig, wütend, gleichgültig oder sogar angeregt fühlen. Sie können verzeihen, eine Szene machen, die untreue Person hinauswerfen, selbst ausziehen, sich scheiden lassen, die Rivalin oder den Rivalen treffen, sich zurückziehen, sich ehrlich aussprechen, eine Paarberatung aufsuchen, sich rächen, ebenfalls betrügen, die Kinder aufwiegeln, um Ihre Beziehung kämpfen, sich ein neues Outfit zulegen oder zum Friseur gehen. Was Sie sich aussuchen, hängt ganz davon ab, wie Sie sich fühlen möchten und welches Ziel Sie anstreben.

Für die Wahlmethode hat Emery eine griffige und genial einfache Formel entwickelt:

- Accept the current reality – Akzeptieren Sie die gegenwärtige Realität.

- Choose what you want. – Wählen Sie, was Sie sich wünschen.
- Take action. – Handeln Sie entsprechend.

Nach den englischen Anfangsbuchstaben bezeichnet man diese drei Schritte auch als das ACT- Modell.

Das Alltagstraining

Sportler trainieren monatelang, um dann bei einem Wettkampf die gewünschte Leistung wie im Schlaf abrufen zu können. Die Abläufe gehen ihnen so in Fleisch und Blut über, dass selbst Aufregung und der Stress der außergewöhnlichen Situation ihnen kaum noch etwas anhaben können. Ähnlich verhält es mit der Fähigkeit, bei Gefahr auf die eigene Kontrollmöglichkeiten zu vertrauen. Sie entsteht nicht durch einmalige Anwendung, sondern durch ständiges Üben. Das ACT-Modell ist dafür besonders geeignet, weil es auch für viele alltägliche unerfreuliche Situationen passt, zum Beispiel wenn Ihr Kollege dauernd hämische Bemerkungen macht, Ihre Eltern Sie immer noch wie ein kleines Kind behandeln oder Ihr Kunde sich mal wieder endlos damit Zeit lässt, die Rechnung zu begleichen. Statt sich zu beklagen oder vergeblich auf eine Änderung zu pochen, sehen Sie das als Trainingseinheit, in der Sie mit drei Schritten selbst das Steuer in die Hand nehmen können:

A: Sie sehen den Tatsachen ins Auge. Ohne die Realität zu verdrängen oder krampfhaft positiv zu denken, schauen Sie genau hin und gestehen sich sachlich ein: »Genau so ist es.«

C: Sie wählen, wie Sie sich fühlen wollen und was Sie für sich erreichen möchten. Zum Beispiel: Sie wollen gelassen reagieren. Selbstbewusst Grenzen setzen. Unabhängig werden.

T: Sie überlegen, was Sie selbst unternehmen müssen, um Ihrem gewählten Wunschziel näher zu kommen. Dann tun Sie, was dazu nötig ist.

Je öfter Sie das Wahlsystem anwenden, desto häufiger werden Sie erleben, dass Sie weitaus mehr Einfluss haben, als Sie bisher glaubten. Die Selbstsicherheit, die Sie im Laufe der Zeit auf diese Weise erreichen, kann Ihnen niemand mehr nehmen. Sie führt dazu, dass Sie auch im Falle einer Gefahr Ihren eigenen Kräften vertrauen.

Teil IV
Das Schicksal beeinflussen

Das Geheimnis der selbsterfüllenden Prophezeiungen

Ein großer Teil unseres Schicksals beginnt offenbar schon im Kopf: Wir erwarten etwas Bestimmtes – und prompt trifft es ein. Was da passiert, ist uns unter dem Begriff »Sich selbst erfüllende Prophezeiung« bekannt. In der wissenschaftlichen Literatur taucht er zum ersten Mal 1948 auf. In diesem Jahr veröffentlichte der amerikanische Soziologe Robert K. Merton in der Zeitschrift *Antioch Review* einen viel beachteten Artikel mit dem Titel »The Self-Fulfilling Prophecy«. Damit erhielt die vermutlich schon uralte Erfahrung, dass sich unsere Erwartungen, Vorurteile und Glaubenssätze meist bestätigen, einen passenden Namen. Besonders praktisch hat der Erfinder und Industrielle Henry Ford den Effekt der sich selbsterfüllenden Prophezeiungen auf den Punkt gebracht, indem er sagte: »Ob Sie glauben, Sie können etwas, oder ob Sie glauben, Sie können etwas nicht – Sie behalten in jedem Fall Recht.«

Was erwarten Sie?

Denken Sie an Ereignisse, die demnächst bei Ihnen anstehen, und überlegen Sie, was Sie erwarten. Sie werden merken, dass Sie durchaus eine ziemlich feste Vorstellung davon haben, was auf Sie zukommt. Was glauben Sie, wie wird Ihr nächstes Wochenende? Oder die Einweihungsparty Ihrer Freunde? Wie geht wohl Ihr Bewerbungsgespräch aus? Wie wird das erste Date mit Ihrer Internet-Bekanntschaft?

Dass wir Erwartungen hinsichtlich einer Situation oder einer Begegnung entwickeln, ist typisch menschlich und liegt an unserem Bedürfnis nach Sicherheit. Indem wir vorwegnehmen, was uns passieren könnte, behalten wir scheinbar die Kontrolle, denn dann ist es uns möglich, uns darauf einzustellen. Im Geiste entwerfen wir unser Schicksal. Peter H. Ludwig, Professor für Erziehungswissenschaften und Experte zum Thema selbsterfüllende Prophezeiungen, erklärt das so: »Erwartungen lösen die Spannung, immer auf alles gefasst sein zu müssen. Denn die Haltung, ständig alles für möglich zu halten, würde das Bewusstsein überstrapazieren. Erwartungen sind vereinfachende Formeln, die es überhaupt erst ermöglichen, die Flut von Umwelteindrücken zu verarbeiten.«[40]

Nur, an was orientieren wir uns denn eigentlich bei unseren Erwartungen? An unseren bisherigen Erfahrungen? Auf den ersten Blick leuchtet das ein. Wenn Sie sich schon ein paar Mal auf einer Party zu Tode gelangweilt haben oder im Bewerbungsgespräch erfolgreich waren, dann übertragen Sie das vermutlich auf das nächste Ereignis dieser Art. Was uns aber meist nicht bewusst ist: Unsere Erfahrungen, auch die in der Vergangenheit, sind weniger objektiv von außen vorgegeben, als wir glauben.

Das heimliche Drehbuch, nach dem wir unsere Erlebnisse gestalten, ist unser Selbstkonzept. Darunter versteht man sämtliche stabilen Vorstellungen, die wir von unserer Person haben. Kurz gesagt enthält unser Selbstkonzept alles, was wir dauerhaft über uns denken. Auch wenn wir nicht ständig über uns nachgrübeln, haben wir eine ziemlich feste Meinung von uns. Testen Sie doch selbst einmal, wie präzise Sie zum Beispiel die folgenden Fragen für sich beantworten können: Sind Sie intelligent? Glauben Sie, dass Sie für das andere Geschlecht attraktiv sind? Sind Sie liebenswert? Sind Sie mit Ihrer Arbeit meistens erfolgreich? Meinen Sie, dass Sie anderen Menschen etwas bedeuten?

Kommen Sie bei Krankheiten wie einer Grippe schnell wieder auf die Beine? Sind Sie für andere eine gute Freundin oder ein guter Freund? Sind Sie diszipliniert oder eher lässig? Finden Sie sich schön? Halten Sie sich für kreativ? Sind Sie hilfsbereit? Wie steht es mit Ihrem handwerklichen Geschick? Sind Sie sprachbegabt?

Das ist nur eine kleine Auswahl von Fragen, die Hinweise darauf geben können, welches Bild Sie von sich haben. So ein Selbstkonzept entsteht nicht von heute auf morgen, sondern hat sich langfristig durch den Einfluss der sozialen Umwelt entwickelt. Dabei spielt eine große Rolle, wie wir während der besonders prägenden Zeit in Kindheit und Jugend gesehen und behandelt wurden. Weil wir in frühen Jahren dem Urteil der anderen wenig entgegensetzen können, halten wir ihre Meinung für die reine Wahrheit und verinnerlichen sie in unserem eigenen Glaubenssystem. Einleuchtend, dass sich eine liebevolle, unterstützende Umgebung positiv auf unser Selbstkonzept auswirkt, während eine abwertende Haltung entsprechend negative Folgen hat. Dabei übernehmen wir nicht nur einfach die Einstellung, die uns vermittelt wird, sondern verhalten uns auf die Dauer auch so, wie es von uns erwartet wird. Ein Kind, das immer wieder hört, dass es zwei linke Hände hat, wird sich über kurz oder lang entsprechend ungeschickt benehmen.

Das Pygmalion-Experiment

Wie stark das Urteil der Umwelt das eigene Verhalten beeinflusst, bewies Professor Robert Rosenthal an der Harvard-Universität in Cambridge bereits in den 60er Jahren mit seinem berühmten Pygmalion-Experiment. Rosenthal und seine Mitarbeiter vermuteten, dass die Erwartung von Pädagogen die Leistung ihrer Schüler beeinflusst. Um das zu überprüfen, teilte man den Lehrern einer öffentlichen Grundschule mit, sämtliche Schüler würden einem wissenschaftlichen Test unterzogen. Dadurch sollten hochbegabte Kinder herausgefiltert werden, die kurz vor einem Entwicklungsschub ständen. Rosenthal gab an, dies träfe auf 20 Prozent der Schüler zu, deren Namen er den Lehrern mitteilte. In Wirklichkeit gab es keinen Test, und die Kinder wurden willkürlich ausgewählt. Ein Unterschied zu den übrigen durchschnittlich begabten Schülern existierte also nur in den Köpfen der Lehrer.

Nach einem Jahr stellten Rosenthal und sein Team fest, dass die Kinder aus der scheinbar fähigeren Gruppe im Vergleich zu denen der Kontrollgruppe ihren IQ wesentlich gesteigert hatten und deutlich bessere Leistungen zeigten. Rosenthal fragte sich, wie diese immerhin eindeutig messbare Veränderung zustande kam. Er vermutete, dass die Lehrer die angeblich hochbegabten Kindern freundlicher behandelten, sie häufiger lobten, ihnen mehr Informationen gaben und sie öfter zu Wort kommen ließen als ihre scheinbar weniger schlauen Mitschüler. Darauf hatten die »Hochbegabten« mit gesteigerter Leistung reagiert.

Rosenthals Experiment zeigt, dass Urteile, die unsere Umgebung über uns fällt, zu einer Wechselwirkung führen. Wir verhalten uns schließlich so, wie man es von uns erwartet.

Das Selbstkonzept, das wir unter dem Einfluss der anderen entwickeln, ist allerdings nicht immer aus einem Guss. Je nachdem, in welchem Bereich wir gefördert oder gebremst wurden, fällt es unterschiedlich aus. So kann man gleichzeitig selbstbewusst und unsicher sein, sich einerseits kompetent fühlen und sich andererseits wenig zutrauen.

Die Rechtsanwältin Sabina ist davon überzeugt, dass sie intelligent ist. Ihre Selbstsicherheit in diesem Punkt kommt nicht von ungefähr, denn in diesem Bereich ist sie immer gefördert worden. »Du schaffst das, wenn du nur willst«, meinten ihre Eltern, die Lehrer und schließlich auch sie selbst. Bis heute hat sie keine Scheu vor intellektuellen Herausforderungen. Was dagegen ihre äußere Attraktivität betrifft, wurde ihr schon früh ein negatives Selbstkonzept vermittelt. Sie kam mit einem verkrüppelten Bein zur Welt. »Hinkefuß« und »lahme Ente« waren noch die nettesten Bezeichnungen, die ihr im Kindergarten und in der Schule nachgerufen wurden. Das wirkt sich für Sabina bis in die Gegenwart aus.

Für jeden von uns kann sich das Selbstkonzept wie ein Puzzle aus positiven und negativen Einschätzung zusammensetzen.

Unser Selbstkonzept

Zunächst bezieht sich unser Selbstkonzept auf die Gegenwart. Es beschreibt, wie wir uns aktuell einschätzen. Gleichzeitig wirkt es sich aber auch auf die Zukunft aus, indem wir daraus konkrete Erwartungen für kommende Ereignisse ableiten. Damit geben wir auf die Dauer unserem Schicksal eine Richtung vor.

Wenn Sie sich als beliebt und attraktiv ansehen, gehen Sie davon aus, dass Sie sich auf einer Party gut amüsieren werden. Halten Sie sich dagegen für uninteressant, vermuten Sie, dass Sie den ganzen Abend nur herumsitzen und keiner mit Ihnen reden will. Falls Ihr Selbstbild dem eines erfolgreichen Menschen entspricht, dann fangen Sie die nächste Aufgabe im Job in dem Bewusstsein an, das gut hinzukriegen. Meinen Sie allerdings, dass Sie eher eine Versagerin sind, erwarten Sie zu scheitern.

Und jetzt kommt scheinbar Magie ins Spiel: Mit ziemlicher Sicherheit wird genau das eintreffen, was Sie sich vorstellen. Ihre Prophezeiung wird sich erfüllen. Tatsächlich ist das aber gar nicht so geheimnisvoll. Der Grund dafür ist, dass Ihnen Ihr Unterbewusstsein gehorcht.

Vor ein paar Monaten machte ich eine Gruppenreise. Unter den Teilnehmern war auch die Fotografin Dorothee. Zufällig hörte ich, wie sie zu jemandem sagte: »Na, ich bin mal gespannt, was diesmal passiert. Ich verletze mich auf jeder Reise.« Wenig später hatte sich ihre Voraussage erfüllt. Beim Spaziergang übersah sie einen Baumstumpf, stürzte und schlug sich die Knie auf. Zum Glück hatten wir Verbandszeug dabei. In Gesprächen stellte sich später heraus, dass Dorothees Selbstkonzept vor allem von dem Gedanken bestimmt ist: »Ich bin ein armes Opfer.«

Psychoanalytiker nutzen gerne den Vergleich, unser Denken sei der Herr und unser Unterbewusstsein sein Diener. Ein treuer Diener verrichtet ohne Widerrede die Aufgaben, die ihm sein Herr aufträgt. Falls er schon lange im Dienst steht, braucht man ihm schließlich kaum noch Anweisungen zu geben. Er weiß schon von selbst, was er zu tun hat.

Auf diese Weise wird unser Unterbewusstsein von unserem Selbstkonzept bestimmt. Ohne noch groß darüber nachzudenken, verhalten wir uns gemäß unserem Bild – zumal wir ja sicher sind, dass es sich dabei um die reine Wahrheit handelt. Der treue Diener setzt das Selbstkonzept präzise um. Dafür nutzt er die ihm zur Verfügung stehenden Mittel: Er blendet Informationen aus, lässt uns Dinge übersehen, gibt uns Energie oder blockiert unser Gehirn, führt uns aus der Fülle der Möglichkeiten zielsicher zur falschen oder richtigen Wahl.

Unser Einfluss auf andere

Dass wir in Eigenregie eine Situation so gestalten, wie wir sie voraussehen, können wir uns noch schlüssig erklären. Komplizierter wird es jedoch, wenn andere Personen mit ins Spiel kommen. Verblüffenderweise verhalten sich die Menschen um uns herum genau so, wie wir es erwarten: Sie trauen uns viel zu und unterstützen uns gerne, oder lehnen uns ab und behandeln uns unfair.

Nun muss das sicher nicht in jedem Fall so ablaufen. Es kann durchaus passieren, dass jemand, der sich als Gewinner fühlt, mal übel abblitzt. Und ein von Minderwertigkeitsgefühlen geplagter Mensch stößt vielleicht auf einen wohlwollenden Mentor, der ihn seelisch aufbaut. Doch das sind eher Ausnahmen. Die meisten Menschen behandeln uns tatsächlich exakt so, wie wir uns sehen.

Wie kann das sein? Schließlich tragen wir kein Schild mit der Aufschrift »Ich bin ein Gewinner-Typ!« mit uns herum oder fordern andere ausdrücklich dazu auf, uns schlecht zu behandeln. Im Gegenteil, oft treten wir bescheiden auf, obwohl wir von uns überzeugt sind, oder geben uns selbstsicher, während wir uns vor Ablehnung fürchten. Unsere Mitmenschen können nicht in unseren Kopf hineinsehen. Warum also reagieren sie so, als ob sie unsere geheimsten Gedanken lesen könnten, und verhalten sich entsprechend unserer eigenen Einschätzung?

Offenbar wirken sich Begegnungen unabhängig von dem aus, was wir auf der bewussten Ebene verhandeln. Je nach persönlicher Stärke übertragen sich die Gefühle und sogar die Gedanken unseres Gegenübers auf uns – oder wir beeinflussen selbst unsere Gesprächspartner. Das geschieht auf einem subtilen Weg, den der Psychologe und Wissenschaftsjournalist Daniel Goleman als »unteren Pfad« bezeichnet – im Gegensatz zu dem »oberen Pfad« der bewussten Wahrnehmung und des Denkens.[41]

Ich erinnere mich an eine verblüffende Begegnung mit dem »unteren Pfad« in meinem ersten Jahr als Psychotherapeutin. Damals konnte ich mir nicht erklären, was da eigentlich vor sich ging. In einigen Sitzungen erlebte ich es, dass ich plötzlich mitten im Gespräch von einer bleiernen Müdigkeit erfasst wurde. Ich konnte kaum die Augen offen halten und wäre fast aus dem Sessel gekippt. Selbstkritisch fragte ich mich, ob ich vielleicht nicht genug geschlafen hatte oder mich das Thema, das den Klienten oder die Klientin gerade beschäftigte, langweilte. Beides war eindeutig nicht der Fall. Schließlich sprach ich das

Phänomen im Praxis-Team an. »Ach, das kenne ich auch«, sagte einer der erfahrenen älteren Therapeuten, »das ist ein Zeichen dafür, dass der Klient einen Widerstand gegen das Thema hat. Du berührst gerade ein heißes Eisen, an das er nicht heranmöchte.« »Und deshalb legt er mich unbewusst lahm?«, fragte ich. Mein Kollege bestätigte das. »Und wie funktioniert das?« Er zuckte die Achseln. »Keine Ahnung. Vielleicht gibt es eine geheimnisvolle Übertragung.«

Unterschwellige Beeinflussungen erleben wir auch im normalen Alltag. Etwa so: Sie sind bester Laune, bis Sie eine Bekannte auf der Straße treffen. Angeregt plaudern Sie über allgemeine Themen, nichts Dramatisches, doch anschließend fühlen Sie sich plötzlich bedrückt. Oder eine Freundin schafft es immer wieder, Sie wütend zu machen, ohne dass Sie genau sagen könnten warum. Natürlich gibt es auch die positive Variante. Obwohl sich das Gespräch um schwerwiegende Probleme gedreht hat, fühlen Sie sich trotzdem zuversichtlich und voller Energie.

Wenn der Funke überspringt

Inzwischen weiß man dank der Neurowissenschaften mehr über diesen unbewussten Einfluss, den Menschen aufeinander haben. In unseren Augen befinden sich Nervenverbindungen, die unmittelbar zu einer zentralen Hirnregion führen, in der Emotionen verarbeitet werden, nämlich dem orbitofrontalen Kortex, abgekürzt OFK. Der orbitofrontale Kortex befindet sich direkt hinter dem Brauenbogen, er liegt an der Schnittstelle zwischen dem obersten Teil der emotionsverarbeitenden Zentren und dem untersten Teil der für das Denken zuständigen Gehirnregion. Dabei verbindet er drei wichtige Areale miteinander: den Kortex, unser denkendes Gehirn, die Amygdala, welche die meisten Gefühle auslöst, und das Reptiliengehirn, zuständig für automatisch ablaufende Reaktionen. Dieser »Dreierstecker« ermöglicht eine außerordentlich schnelle Koordination von Gedanken, Gefühlen und Handlungen.

Sobald sich zwei Personen anschauen, treten ihre orbitofrontalen Kortizes miteinander in Verbindung. Schon beim ersten Blickkontakt wissen wir, was wir für jemanden empfinden, ob wir ihn mögen, ablehnen oder ob er uns gleichgültig ist. Wir registrieren, wie er uns wahrnimmt, und entscheiden, wie wir uns im Einklang mit seiner Reaktion verhalten wollen.

Einen wichtigen Anteil an dem informellen Austausch haben auch die sogenannten Spiegelneuronen. Die Entdeckung dieser speziellen Art der Nervenzellen im Jahre 1995 durch den italienischen Neurowissenschaftler Giacomo Rizzolatti war eine echte Sensation. Wir wissen heute: Spiegelneuronen sorgen dafür, dass Gefühle ansteckend wirken. Sie lösen in uns den Impuls aus, das beim anderen beobachtete Verhalten nachzuahmen. Ist er bedrückt, fühlen wie uns ähnlich. Ist er aggressiv, reagieren wir wütend. Goleman drückt es poetisch aus: »Indem die Spiegelneuronen eine Brücke zwischen individuellen Gehirnen schlagen, erschaffen sie ein lautloses Duett, das ebenso subtile wie wirkungsvolle Austauschprozesse ermöglicht.«[42]

Und das geschieht blitzschnell. In einem Experiment für eine amerikanische Studie sollten Studenten innerhalb von drei bis zehn Minuten jeweils einen ihnen unbekannten Kommilitonen danach beurteilen, ob sie sich mit ihm anfreunden würden oder ob es bei einer flüchtigen Bekanntschaft bleiben würde. Zwei Monate später zeigte sich, dass sie auf der Basis ihres ersten Eindrucks erstaunlich gut vorhergesagt hatten, wie sich die Beziehung tatsächlich entwickelte. Dabei wäre dazu nicht einmal die Zeitvorgabe von mehreren Minuten nötig gewesen. Wenn wir jemanden kennenlernen, beginnt die Entscheidung, ob wir ihn mögen oder nicht schon im ersten Drittel einer Sekunde. Noch bevor wir mit Worten beschreiben können, wie wir den anderen wahrnehmen, haben wir bereits unser Urteil gefällt.

Warum wir bekommen, was wir erwarten

Hier liegt also des Rätsels Lösung, warum wir meist gemäß unseren eigenen Erwartungen behandelt werden: Unsere Mitmenschen nehmen unbewusst unsere heimliche Einstellung auf und reagieren entsprechend.

Der Vorgang ist recht einfach zu erklären: Was wir über uns selbst, über andere oder eine Situation denken, beeinflusst unsere Haltung, Gestik und Mimik, unsere Tonlage, die Wahl unserer Worte und unsere Handlungen. Dank des hervorragend funktionierenden Verarbeitungssystems im Gehirn entschlüsselt unser Gegenüber die Botschaft und verhält sich passend.

Das gilt auch, wenn wir uns bemühen, anders zu erscheinen, etwa uns sicher geben, obwohl wir ängstlich sind. Unsere tatsächliche Einstellung hat einen weitaus stärkeren Einfluss als der bewusste Auftritt. Paul Ekman, Psychologieprofessor an der University of California, hat nachgewiesen, dass unsere Gedanken, Gefühle und Absichten verräterische Indizien in unserem Ausdruck hinterlassen, selbst wenn wir es gar nicht wollen. Ekman bezeichnet das als »Mikroausdrücke«, bei denen es sich um eine Veränderung in Mimik und Gestik handelt, die in Bruchteilen von Sekunden aufblitzt und unserem Gegenüber die Wahrheit über uns verrät.

Pokerspieler und Mentalisten, professionelle Gedankenleser, nutzen diese Tatsache übrigens ganz bewusst. Wie präzise sie funktioniert, vermittle auch ich gelegentlich beim Coaching in meiner Praxis.

Annette, Redakteurin im Kosmetikressort einer Frauenzeitschrift, ist Expertin für Schönheit, Gesundheit und Fitness und liebt ihren Job. Seit einigen Wochen allerdings macht ihr die Arbeit wenig Freude. Sie hat eine neue Ressortleiterin, die deutlich mehr Ehrgeiz als Fachwissen zeigt. Bisher hat sich Annette alle Mühe gegeben, diplomatisch zu sein und ihre Vorgesetzte nicht spüren zu lassen, dass sie sie für unfähig hält. Sie hat auf Kritik verzichtet, ihre Vorschläge gelobt, sie um ihre Meinung gebeten. Ohne Erfolg. Ihre Chefin meidet sie und arbeitet deutlich lieber mit anderen Kolleginnen. »Wie klein soll ich mich denn noch machen?«, fragte Annette verzweifelt. Bevor sie versucht, wie Alice im Wunderland auf Zwergengröße zu schrumpfen, erklärte ich ihr: »Sie können sich Ihre Demutshaltung sparen. Es wird Ihnen nicht gelingen, Ihre Gedanken zu verbergen, selbst wenn Sie es wollen. Und sei es nur, dass Sie für einen Sekundenbruchteil irritiert schauen, weil Ihre Vorgesetzte etwas sachlich Falsches von sich gibt. In jedem Fall spürt sie, dass Sie sich ihr überlegen fühlen, und reagiert darauf mit Ablehnung.« Um eine Änderung zu erreichen, muss Annette bei ihrer Einstellung ansetzen, nicht bei ihrem Verhalten.

Realität oder Interpretation?

Auf dem »unteren Pfad« kriegen wir andere unbewusst dazu, uns so zu behandeln, wie wir es erwarten. Doch sogar wenn sie das nicht tun, bleibt uns immer noch die Möglichkeit, ihr Verhalten einfach gemäß unserem Selbstkonzept zu deuten. Indem wir dann entsprechend unserer Interpretation reagieren, gelingt es uns ebenfalls, unsere Erwartungen zu bestätigen.

Angenommen, Sie gehen an einer Gruppe von Kolleginnen vorbei, die die Köpfe zusammenstecken und kichern. Falls Sie ein negatives Selbstkonzept haben, vermuten Sie wahrscheinlich, dass man sich hinter Ihrem Rücken über Sie lustig macht. Beschämt oder empört gehen Sie weiter. Sie haben es ja gleich gewusst: Die lehnen Sie ab.

Bei einem positiven Bild von sich glauben Sie eher: »Da erzählt wohl eine gerade etwas Lustiges.« Sie stellen sich neugierig dazu. Woraufhin man Sie freundlich in die Runde aufnimmt und Ihnen brühwarm erzählt, in welches Fettnäpfchen der neue Abteilungsleiter getreten ist.

Es gibt noch eine weitere Methode, mit der sich die Realität unserem Selbstkonzept anpassen lässt: Wir picken uns einfach das heraus, was uns stimmig erscheint, und ignorieren den Rest. Dank unseren geistigen Scheuklappen hören und sehen wir nur das, was in unser Konzept passt.

Angenommen, Ihr Selbstwertgefühl als Hobbyköchin ist nicht besonders ausgeprägt. Trotzdem haben Sie sich an ein aufwändiges Menü gewagt. Ihr Mann lobt das leckere Essen, meint aber, Sie hätten wohl ein bisschen viel Chili hineingetan. Sie reagieren gekränkt. Das haben Sie sich doch gleich gedacht, dass es nicht schmeckt.

Oder Sie haben sich verliebt. Leider beruht das nicht auf Gegenseitigkeit. Das Objekt Ihrer Begierde versucht, es Ihnen diplomatisch beizubringen: »Du bist wirklich ein wunderbarer, liebenswerter Mensch, aber ich empfinde nicht genug für dich.« Mit klopfendem Herzen hören Sie nur: »Du bist wunderbar und liebenswert.« Den Rest der Aussage stecken Sie weg. Gemäß Ihrem positiven Selbstkonzept glauben Sie optimistisch: Was nicht ist, kann ja noch werden.

Sich selbsterfüllende Prophezeiungen als Endlosschleife

Wie Sie sehen, sind wir mächtiger, als uns normalerweise klar ist. Über unser Unbewusstes, die heimliche Beeinflussung anderer, individuelle Interpretationen und eingeschränkte Wahrnehmung schaffen wir es, unsere Erwartungen zu bestätigen. Dass wir auf diese Weise unser Schicksal nachhaltig mitbestimmen, liegt daran, dass sich unsere Erwartungen meist wiederholen. Gemäß unserem Selbstkonzept setzen wir ein Karussell in Gang:

- Wir erwarten ein bestimmtes Ergebnis und verhalten uns so, wie es zu unseren Erwartungen passt.
- Wir fühlen uns durch die Reaktion der anderen, unsere Interpreta-

tion oder eingeschränkte Wahrnehmung in der Erwartung bestätigt.

- Wir sagen uns: »Na also, ich hatte Recht, es ist genau so gekommen, wie ich vermutet habe.«
- Wir speichern das Erlebte als Erfahrung.
- In einer ähnlichen Situation zeigen wir die gleiche Erwartungshaltung.

Das ist kein Problem, wenn wir ein positives Selbstkonzept haben. Die permanente Wiederholung guter Erfahrungen führt zu einem Engelskreis. Schon das Sprichwort sagt: »Nichts ist erfolgreicher als der Erfolg.« Angenehme Erlebnisse vervielfältigen sich. Daran wollen wir gewiss nichts ändern, erwarten Sie gerne weiterhin das Beste. Solange Sie nicht hinsichtlich Ihrer Fähigkeiten einer absoluten Selbsttäuschung unterliegen, werden Sie damit immer wieder gute Ergebnisse erzielen. Und selbst wenn Ihre positiven Erwartungen gelegentlich enttäuscht werden sollten – was nun mal zum Leben gehört –, bedrückt Sie das vermutlich nicht lange. Glücksforscher haben festgestellt, dass Optimisten im Gegensatz zu Pessimisten glauben, dass die Ursache eines negativen Ereignisses nur vorübergehend ist. Sie sagen sich: »Da habe ich diesmal eben Pech gehabt.« Außerdem neigen Optimisten nicht dazu, zu verallgemeinern, sondern sehen eine schlechte Erfahrung als Einzelproblem. Sie urteilen nicht generell: »Ich wusste es doch, man kann heutzutage keinem mehr vertrauen«, sondern speziell: »Dieser Mensch hat mich betrogen. Es gibt aber auch anständige Menschen.« Oder: »Diese Person findet mich offenbar nicht attraktiv, aber für andere bin ich durchaus anziehend.« Auf diese Weise wird die positive Erwartung beim nächsten Mal kaum beeinträchtigt.

Anders ist es allerdings, wenn wir ein negatives Bild von uns haben. Dann entsteht durch die ständige Wiederholung der pessimistischen Erwartung ein Teufelskreis. Professor Peter H. Ludwig warnt davor: »Das Fatale an der negativen Selbsterfüllung von Erwartungen ist, dass sie in alltäglichen Ereignissen bei ähnlichen Situationen nicht nur einmal, sondern immer wieder erscheint. Ereignisse und Erwartungen können ein sich selbst erhaltendes System bilden, das sich selbst reproduziert und verewigt, indem aus dem Ereignis wieder die Erwartung des Ereignisses und aus dieser wieder das gleiche Ereignis resultiert.«[43]

Den Teufelskreis durchbrechen

Wer sein Schicksal positiv beeinflussen will, muss diesen Teufelskreis durchbrechen. Am gründlichsten wäre es natürlich, das Übel an der Wurzel zu packen und das negative Selbstkonzept zu verändern. Aber ich will ehrlich zu Ihnen sein: das dauert. Wie lange, hängt von Ihrem festen Willen, Ihrer Selbstdisziplin und den angewandten Methoden ab. Eine echte Veränderung braucht in jedem Fall ihre Zeit. Wenn Sie berücksichtigen, wie lange so ein Selbstkonzept bereits besteht, dann können Sie sich sicher vorstellen, dass man es nicht mal eben in einem Wochenendseminar oder durch die Lektüre von Ratgebern mit Titeln wie *Selbstbewusst in sieben Tagen* kippt. Damit möchte ich Sie keineswegs entmutigen. Schließlich habe ich während meiner Arbeit als Therapeutin viele Klienten erfolgreich dabei begleitet, ich weiß, dass es funktioniert. Falls Sie also dazu entschlossen sind, gehen Sie es an. Suchen Sie sich die beste Unterstützung, sei es Therapie, Coaching, die richtigen Freunde, seriöse Ratgeber. Sie werden es bestimmt schaffen. Aber Sie brauchen Geduld.

Für all diejenigen, die schnelle Ergebnisse sehen möchten: Der lange Weg zur Veränderung ist zwar besonders gründlich, doch auch mit weniger Aufwand können Sie etwas verändern, indem Sie gezielt bei der jeweiligen negativen Erwartung ansetzen und sie in eine positive oder zumindest neutrale verwandeln.

Ausgangspunkt dafür ist eine Änderung Ihrer Sichtweise. Sehen Sie

Ihre negative Einstellung nicht länger als absolute Wahrheit oder gar als gesunden Realismus an, sondern als eine Denkgewohnheit, die aus schlechten Erfahrungen der Vergangenheit entstanden ist. Diese neue Einstellung erlaubt Ihnen, freier zu denken. Fragen Sie herausfordernd: »Wo ist eigentlich der Beweis dafür, dass es so negativ ist oder kommen muss?« Suchen Sie Belege dafür, dass Ihre pessimistischen Gedanken hinsichtlich der Fakten nicht korrekt sind. Wohlgemerkt, es geht nicht darum, sich nun ohne Beweise mit positivem Denken Dinge einzureden. Das würde auf die Dauer ohnehin nicht funktionieren. Nein, Sie müssen sich wirklich selbst überzeugen. Dabei hilft Ihnen die klassische Methode der Disputation.

Disputation mit sich selbst

Die Bezeichnung Disputation (von dem lateinischen Wort »disputatio«, Auseinandersetzung) bezeichnet im akademischen Bereich ein Streitgespräch über ein Thema. Schon im Mittelalter waren Disputationen üblich. Dabei stellte ein Philosoph oder Theologe offiziell eine These auf und vertrat diese mit Belegen. Ein Gelehrter gleichen Ranges hielt dagegen und versuchte, mit Argumenten nachzuweisen, dass die Behauptung falsch war oder zumindest Schwächen aufwies. Berühmt ist zum Beispiel die Leipziger Disputation zwischen Luther und dem katholischen Theologen Johannes Eck im Jahre 1519. Bis in die Neuzeit sind Disputationen eine übliche Methode zur Klärung wissenschaftlicher Streitfragen, etwa in der Mathematik.

Sie sind also in bester Gesellschaft, wenn Sie zu Ihrer negativen Erwartung eine Disputation eröffnen. Dabei haben Sie allerdings ein kleines Handikap: Solange niemand bereit ist, die Rolle Ihres Gegenspielers zu übernehmen, müssen Sie die selbst ausfüllen. Gehen Sie von Ihrer ursprünglichen Meinung aus und notieren Sie sämtliche Argumente, die dafür sprechen. Überprüfen Sie nun:

- Ist das garantiert immer so?
- Ist das in jedem Fall so?
- Gibt es Ausnahmen?
- Kennen Sie persönlich eine solche Ausnahme?
- Kennt jemand aus Ihrer Umgebung eine Ausnahme?

Die Übersetzerin Isabel lebt seit sieben Jahren allein mit ihrer 16-jährigen Tochter Julia. Die Hoffnung, einen passenden Partner zu finden, hat sie nach einigen Enttäuschungen aufgegeben. Resigniert sagt sie: »Jüngere Männer interessieren mich nicht. Und die gleichaltrigen wollen doch alle eine, die halb so alt ist wie sie. Frauen in meinem Alter sind für sie unsichtbar.« Auf die Frage, ob es Ausnahmen von dieser Regel gibt, denkt sie zunächst an zwei Schauspielerinnen über 50, die häufig im Fernsehen auftreten und die in Umfragen als attraktiv und sexy eingestuft werden. »Aber das sind schließlich Prominente.« Nach einigem Überlegen fällt ihr noch eine 51-jährige ehemalige Kollegin ein. Die hat vor kurzem einen zwei Jahre älteren Mann geheiratet und ist offenbar mit ihm glücklich.

Machen Sie sich bitte bewusst: Solange es auch nur eine einzige Ausnahme von Ihrer negativen Annahme gibt, ist das Gewünschte auch für Sie möglich. Dann geht es darum, die hinderlichen Erwartungen loszulassen und stattdessen mit Schwung alles Erforderliche zu tun, um das gewünschte Ziel zu erreichen. Dabei ist Kreativität und oft auch eine gute Portion Selbstkritik gefragt. Isabel etwa könnte sich modischer kleiden, ihre Zurückhaltung überwinden, einen Flirtkurs machen, ihren Bekanntenkreis erweitern, öfter ausgehen, sich zu einer Singlereise anmelden, eine Partnerbörse im Internet nutzen, die Kollegin zum Kaffee einladen und sich bei ihr erkundigen, wie sie ihren Mann kennen gelernt hat.

Gelungene Disputationen führen meist zu einer konkreten Handlung, weil sich durch die neue Erkenntnis plötzlich viel mehr Chancen auftun als bisher. Ein gutes Beispiel dafür erzählt der amerikanische Psychologe Martin Seligman. In den USA dürfen Studenten die Kurse an ihrer Universität offiziell im Internet bewerten. Für einen Psychologiekurs lautete die Beurteilung eines Studenten: »Todlangweiliger Kurs. Der Professor ist eine Schnarchnase.« Der betroffene Professor war wütend. Seine erste Reaktion war, eine pessimistische These aufzustellen: »Die Studenten heutzutage sind doch total verwöhnt. Diese unverschämten Typen wollen am liebsten statt einer Vorlesung eine Lasershow mit Spezialeffekt.« Seine Laune wurde immer schlechter, und seine Erwartungen für die nächsten Vorlesungen waren äußerst negativ. Zum Glück wusste er als Psychologe, wie er gegensteuern konnte. Er begann eine Disputation mit sich selbst: »Stimmt es wirklich, dass alle Studenten unverschämt sind? Nein, nur einer hat sich so frech geäußert. Allerdings war auch die Bewertung der anderen nicht so hoch wie sonst. Einige haben gesagt, sie hätten gerne Dias gehabt zur Veranschaulichung – also keine Rede von einer aufwändigen Lasershow.« Der Professor zog das Fazit: »Möglicherweise bin ich ja mit der Zeit etwas bequem geworden und ruhe mich auf meinen Lorbeeren aus. Vielleicht sollte ich diese harte Beurteilung als Weckruf ansehen, meine Lehrstoff aufzupeppen.« Als Ergebnis seiner inneren Disputation gestaltete er den Kurs neu. Dadurch bekam er selbst mehr Schwung und freut sich seitdem auf seine Vorlesungen, ebenso wie die Studenten.[44]

Stimmt die Interpretation?

Es gibt noch eine weitere effektive Möglichkeit, die Realität zu überprüfen: Fragen Sie einfach nach, ob Sie mit Ihrer Interpretation richtig liegen. Diese Methode empfiehlt sich für alle, die sich aus dem, was sie erleben, zielsicher das herauspicken, was ihre pessimistische Erwartung bestätigt. Wenn sie zum Beispiel mit Ablehnung rechnen, interpretieren sie das Verhalten ihres Gegenübers als Ablehnung, auch wenn es möglicherweise andere Gründe hat. Sie denken etwa: »Der schweigt, weil er mich nicht mag.« Vielleicht ist er aber nur müde.

Mit einer direkten Frage lässt sich das klären. Zugegeben, dazu gehört ein bisschen Mut. Schließlich offenbart man dabei etwas von sich selbst. Aber wer auf die folgende Weise vorgeht, blamiert sich bestimmt nicht. Im Gegenteil, er tritt selbstbewusst auf:

Beschreiben Sie sachlich, was Sie wahrnehmen. »Sie sagen ja gar nichts.« »Sie runzeln die Stirn«. »Du wippst die ganze Zeit mit dem Fuß.« »Du schaust aus dem Fenster.«

Nennen Sie nun Ihre Vermutung. »Ich schließe daraus, dass Ihnen mein Vorschlag nicht gefällt.« »Ich leite daraus ab, dass du nervös bist.« »Ich nehme deshalb an, dass du dich langweilst.«

Fragen Sie, ob Ihre Vermutung zutrifft. »Liege ich damit richtig?« »Stimmt das?«

Ina, erfolgreich in der Marketingabteilung eines Konzerns tätig, bekommt einen neuen Chef, der den Standpunkt »Nicht gemeckert ist genug gelobt« vertritt. Er äußert keine Anerkennung, wenn sie etwas gut gemacht hat. Ina, die als Perfektionistin ihre Leistung stets selbstkritisch beurteilt, interpretiert sein Schweigen als Missbilligung und wird immer unsicherer. Nach einer Coaching-Sitzung bei mir fasst sie sich ein Herz und spricht ihren Vorgesetzten an: »Sie haben zu meiner Präsentation der Umfrageergebnisse gestern nichts gesagt. Ich schließe daraus, dass Sie nicht ganz zufrieden waren. Stimmt meine Vermutung?« Ihr Chef fällt aus allen Wolken. »Aber nein, das haben Sie doch prima hinbekommen. Im Übrigen bin ich sehr zufrieden mit Ihrer Arbeit.« Ina ist froh, dass sie es gewagt hat nachzufragen. Seitdem interpretiert sie mangelndes Lob nicht gleich als Kritik.

Selbst wenn Inas Chef ihre negative Interpretation bestätigt hätte, wäre ihre Nachfrage für sie ein Gewinn gewesen. Immerhin hätte sie dann gewusst, wo sie mehr Leistung bringen musste. Auf der Basis einer ehrlichen Antwort ist in jedem Fall eine positive Veränderung möglich. Die Erfahrung zeigt jedoch, dass die meisten Menschen eher zu pessimistisch interpretieren. Fragen Sie also gegebenenfalls mutig nach und lassen Sie sich positiv überraschen.

Ein Blick auf Ihr zukünftiges Schicksal

Zum Schluss noch ein kleiner Test: Nehmen Sie ein leeres DIN-A4-Blatt. Setzen Sie auf mittlerer Blatthöhe am linken Rand einen Punkt. Dieser Punkt bezeichnet das heutige Datum. Zeichnen Sie von diesem Punkt aus als Fieberkurve weiter, wie Ihr Leben in den nächsten sechs Monaten voraussichtlich verlaufen wird. Schauen Sie sich nun das Ergebnis an. Wie verläuft Ihre Kurve insgesamt?

- Abwärts
- Eher geradlinig
- Aufwärts
- Stark auf und ab

Eins ist sicher: Ihre Kurve sagt nichts darüber aus, wie Ihre Zukunft tatsächlich wird. Selbst wenn Sie heute schon wissen, dass für Sie im nächsten halben Jahr eine schwere Operation oder eine Hochzeit ansteht und diese Tatsache den Verlauf Ihrer Kurve mitbestimmt, – es gibt eine Vielzahl von möglichen Ereignissen, die Ihr zukünftiges Leben beeinflussen können und die sich nicht voraussehen lassen. Doch eines zeigt Ihre Kurve glasklar: Ihre Erwartung. Und Sie wissen ja nun, was die für Ihr zukünftiges Schicksal bewirken kann. Es lohnt sich deshalb für Sie, auf »aufwärts« zu setzen.

Die Eigenschaften der Glückspilze

»La chance, on l'a ou on ne l'a pas«, sagt ein französisches Sprichwort: »Glück hat man, oder man hat es nicht.« Man sieht förmlich das resignierte Achselzucken: »Kismet. Das ist halt Schicksal, da kann man nichts machen.«

Professor Richard Wiseman, Leiter des psychologischen Forschungszentrums an der englischen Universität Herfordshire, ist mit dieser fatalistischen Einstellung ganz und gar nicht einverstanden. Er ist fest davon überzeugt, dass Glück oder Pech nicht allein davon abhängen, was uns das Schicksal vorgibt, sondern von der Art und Weise, wie wir auf Gelegenheiten reagieren. Seine Hypothese hat er an Tausenden Versuchspersonen untersucht, mit dem Ergebnis: Es ist ein Mythos, dass Glückspilze mühelos den idealen Lebenspartner finden oder beruflichen Aufstieg auf dem Silbertablett serviert bekommen. Und dass Pechvögel als Stiefkinder des Schicksals ohne eigenes Zutun an den Falschen geraten, im Job weniger Chancen kriegen, beim Autokauf übers Ohr gehauen werden und auf der Bananenschale ausrutschen

Haben Sie in letzter Zeit zufällig eine Münze auf der Straße gefunden, vielleicht ein Fünfcentstück? Ihr Fund hätte Sie dann zwar nicht gerade reich gemacht, aber er wäre nach Wiseman immerhin schon mal ein Hinweis darauf, dass Sie das Zeug zum Glückspilz haben.

Die Annahme, dass sich Glückspilze im Gegensatz zu Pechvögeln immer wieder selbst positive Ereignisse verschaffen, überprüfte Wiseman mit einem aufwändigen Experiment. Zu diesem Zweck arrangierte er für beide Gruppen genau dieselben äußeren Bedingungen und beobachtete ihre Reaktion darauf. Als freiwillige Versuchskaninchen meldeten sich Männer und Frauen, die sich vorab selbst jeweils als Glückspilze oder Pechvögel einstuften und das mit zahlreichen Fakten in ihrem Leben belegen konnten. Unter ihnen war Martin, der sich als echtes Glückskind betrachtete, und Brenda, die fand, sie sei der geborene Pechvogel.

Schauplatz des Experiments war ein Café in der Nähe der Universität. Ein Fernsehteam installierte mehrere versteckte Kameras vor dem Eingang des Lokals. Brenda und Martin hatten keine Ahnung, worum es wirklich ging. Sie wurden gebeten, einzeln und zu unterschiedlicher Zeit in das Café zu gehen und dort auf jemanden zu warten, der sie zu einem Arbeitsprojekt interviewen sollte. Kurz vor dem Eintreffen legte Wiseman eine Fünfpfundnote direkt vor dem Eingang des Lokals auf den Bürgersteig: Die spannende Frage war, wer sie sehen würde und wer nicht. Martin war als Erster einbestellt. Die Kameras liefen schon, als er vor dem Café auftauchte. Mit einem Blick sah er den Geldschein, hob ihn auf und ging hinein. Einige Zeit später legte Wiseman den nächsten Schein aus und wartete versteckt auf Brenda. Wie blind ging sie darüber hinweg und betrat das Café. Bingo! Damit war die Hypothese bestätigt: Glückspilze sind offener für Gelegenheiten als Pechvögel.

Nun können Sie natürlich einwenden, dass ja wohl jeder mal in Gedanken sein kann. Professor Wiseman führte das Experiment jedoch noch weiter und gab jedem der beiden Probanden eine zweite Chance. In dem Café hatte sein Team eine besondere Situation arrangiert: Am einzigen freien Tisch saß ein Komparse, der sich als erfolgreicher Geschäftsmann gab. Falls man einen Job sucht oder Finanztipps braucht, ist es sicher gut, so jemanden zu kennen. Kaum hatte sich Martin gesetzt, machte er sich mit dem vermeintlichen Geschäftsmann bekannt und war bald in ein interessantes Gespräch vertieft. Später setzte sich Brenda ebenfalls zu dem Geschäftsmann. Doch anders als vorher

Martin rührte sie stumm in ihrer Kaffeetasse und nahm keinen Kontakt auf.

Noch am selben Tag interviewte Professor Wiseman die beiden und fragte, ob sich für sie heute schon glückliche oder unglückliche Begebenheiten zugetragen hätten. Brenda zuckte die Achseln und meinte, ihr Tag sei völlig ereignislos verlaufen. Martin schilderte lebhaft, dass er auf der Straße eine Fünfpfundnote gefunden und sich in einem Café sehr nett mit einem Geschäftsmann unterhalten habe. Gleiche Gelegenheiten, anderer Verlauf.[45]

Glückspilze ticken anders

Sogar eindeutigen Glückspilzen ist nur selten klar, dass sie selbst aktiv an ihrem Erfolg mitwirken. Sie handeln meist unbewusst und glauben, dass die sich bietenden Chancen reiner Zufall sind. Wissenschaftliche Untersuchungen wie die von Wiseman zeigen dagegen: Es ist keineswegs so, dass ein unfaires Schicksal seine Lieblinge bevorzugt. Glückspilze führen gute Gelegenheiten eher herbei, bemerken sie schneller und reagieren besser auf sie als Pechvögel. Diese Erkenntnis ist sensationell, denn sie bedeutet, dass jeder von uns Glückspilzeigenschaften entwickeln kann, wenn er sich ernsthaft darum bemüht. Wohlgemerkt handelt es sich um Eigenschaften, mit denen man voraussichtlich mehr Glück hat, und nicht darum, wie man es schafft, sich glücklicher zu fühlen. Die Engländer unterscheiden das präziser als wir: Sie sprechen in dem Fall von »luck«, einer günstigen Gelegenheit, im Gegensatz zu »happiness«, dem Wohlgefühl – obwohl man sich durchaus fragen darf, ob nicht beides eng zusammen hängt. Wer glaubt, häufig Glück zu haben, fühlt sich wahrscheinlich auch wesentlich glücklicher als jemand, dem vieles misslingt.

Offenheit vergrößert die Chancen

Um zum Glückspilz zu werden, sollten wir uns anschauen, worin dessen Kernkompetenz besteht. Neben guter Intuition und positiver Einstellung im Sinne der selbsterfüllenden Prophezeiung zeigt er vor allem eine wichtige Eigenschaft: Er ist offen für andere Menschen und für neue Erfahrungen.

Damit es kein Missverständnis gibt: Mit Offenheit für andere Menschen ist nicht gemeint, dass wir naiv jedem Vertrauen schenken und nichts für uns behalten. Wer im Job jeden detailliert über seine Gesundheitsprobleme informiert, darf sich nicht wundern, wenn die nächste interessante Aufgabe den Kollegen übertragen wird, weil er anscheinend wenig belastbar ist. Und wie sehr man darunter leidet, keinen Partner zu haben, geht auch nur gute Freunde etwas an.

Ebenso bedeutet Offenheit für neue Erfahrungen nicht, dass wir uns bedenkenlos in jedes Unternehmen stürzen. Natürlich ist es wichtig, Risiken abzuwägen und zu prüfen, ob uns etwas auch wirklich entspricht. Aber mal ehrlich, wie oft wehren wir ohne wirklich nachzudenken ab: »Das bringt doch nichts.« »Das ist nichts für mich.« »Vielleicht ein andermal.«

Offenheit, die einen Glückspilz auszeichnet, ist eine Haltung, die sich am besten mit »Aufgeschlossenheit« umschreiben lässt. Es handelt sich um eine Zugewandtheit, eine positive Neugier. Wer in diesem Sinne offen ist, hat keine unbegründeten Ängste vor Begegnungen oder unbekannten Situationen. Er glaubt daran, dass beides etwas Gutes für ihn enthält, das es zu entdecken gilt.

Bei Offenheit dieser Art handelt es sich um eine innere Einstellung. Dabei spielt es keine Rolle, ob man ein introvertierter oder ein extrovertierter Typ ist. Nur scheinbar sind Extrovertierte im Vorteil, weil sie von ihrem Naturell her meist weniger Hemmungen haben, auf andere zuzugehen. Aber deshalb sind sie noch lange nicht automatisch offen im Sinne eines Glückspilzes. Sie können bei aller Lebhaftigkeit komplett verschlossen sein, nämlich voller Vorurteile, ohne die Fähigkeit zuzuhören und sich wirklich auf etwas einzulassen. Bestimmt kennen auch Sie solche scheinbar offenen Menschen, die sofort mit allen per Du sind und viel von sich erzählen, dabei aber ihre wahren Gedanken und Gefühle trotzdem für sich behalten. Dagegen kann ein introvertierter Mensch in seiner ruhigen Art durchaus aufgeschlossen sein. Unbekannte Situationen geht er vielleicht weniger unbekümmert an als ein Extrovertierter, lässt sich aber dennoch mutig auf sie ein – und nur darauf kommt es an.

Im Alltag wirkt sich diese Offenheit bei vielen Gelegenheiten aus. Sie führt etwa dazu, dass Sie im Zugabteil nicht gleich die Kopfhörer von Ihrem MP3-Player einstöpseln, sondern sich mit einem Mitreisenden unterhalten. Oder dass Sie sich aus purem Interesse als Gasthörer an der Uni eintragen lassen, obwohl Sie das Studentenalter längst überschritten haben.

Glückspilze sind kontaktfreudig

Es leuchtet sicher ein, dass Glückspilze durch Offenheit gegenüber anderen ihre Möglichkeiten für erfolgreiche Ergebnisse vergrößern. Je weiter man streut, was man sucht, und je mehr Informationen man von anderen sammelt, desto eher erreicht man meist sein Ziel. Ob es um eine neue Wohnung, einen guten Job, Reisen, Tipps für den besten Zahnarzt oder Frisör geht, Offenheit erhöht die Chancen.

Der Vertriebsleiter Jörg, bei seinen Freunden als Glückspilz bekannt, hat das beim Brötchenholen bewiesen. Eine kleine Konditorei in seinem Stadtteil backt die leckersten Brötchen. Am Wochenende reicht deshalb die Schlange vor dem Laden oft bis zum nächsten Häuserblock. Jörg verkürzte sich die Wartezeit, indem er sich mit seinem ihm unbekannten Vordermann unterhielt. Dabei erfuhr er, dass dieser ein

Häuschen in Schweden besitzt, schön an einem See gelegen, das er preiswert vermietet. Jörg notierte sich die Telefonnummer auf seiner Brötchentüte und sah sich das Haus im Internet an. Im Juni hat er mit seiner Familie dort zwei traumhafte Wochen verbracht.

Auch die Journalistin Verena findet, dass sie ein Glückskind ist. Was sie anfasst, gelingt ihr. Doch selbst Frohnaturen kennen Kummer. In diesem Fall bekam Verenas 15-jähriger Sohn Simon in der Pubertät eine starke Akne. Als Mutter litt Verena mit. Sie schleppte ihn zu zwei Hautärzten, die cortisonhaltige Salben verschrieben. Von den Nebenwirkungen mal ganz abgesehen, nutzten die kaum. Verena war sicher, dass es etwas geben musste, das half. Und dafür setzte sie ihre bewährte Glückspilzoffenheit ein. Sie beschloss, jedem, der sie nach Simon fragte, dezent von ihrem Problem zu erzählen, irgendjemand würde ihr sicher den entscheidenden Tipp geben. Sobald also Bekannte beim Small-Talk fragten: »Na, was macht denn dein Sohn?«, sagte Vera: »Dem geht es gut, er ist in der Schule ganz toll. Er hat nur leider so eine blöde Jugendakne. Weißt du da zufällig eine gute Adresse?« Das sagte sie auch bei einer Pressekonferenz zu einer Kollegin, die sie sonst selten sah. Die nannte ihr begeistert einen Hautarzt, der sich bereits bei ihr und anderen als wahrer Wunderheiler entpuppt hatte. Am gleichen Tag machte Vera dort für Simon einen Termin. Mit der richtigen Behandlung verschwand seine Akne in wenigen Wochen.

Kontaktfreude lässt sich trainieren

Falls Sie festgestellt haben, dass Sie in Sachen Offenheit gegenüber anderen Ihre Glückspilzfähigkeiten noch nachbessern sollten, befinden Sie sich in bester Gesellschaft. Die meisten von uns reagieren im Alltag ziemlich eingeschränkt. Auf Fortbildungen, Schulfesten, Partys oder Vernissagen plaudern wir am liebsten mit denjenigen, die wir schon kennen. Andere Meinungen finden wir zunächst einmal befremdlich: Einer Vegetarierin ist es unverständlich, wie jemand ein blutiges Steak genießen kann, ein Atheist schüttelt den Kopf darüber, dass es Menschen gibt, die an die Wunder von Lourdes glauben. Zu Menschen, die nicht unserer Norm oder unseren Ansichten entsprechen, gehen wir gewöhnlich erst einmal auf Distanz.

Es kann auch sein, dass wir andere zwar sympathisch finden und mit ihnen durchaus auf einer Wellenlänge liegen, aber zu schüchtern oder zu bequem sind, um neue Beziehungen zu knüpfen. Wir halten uns lieber an unseren überschaubaren Freundes- und Bekanntenkreis. Damit verringern wir unsere Chancen. Das muss aber nicht so bleiben. Mehr Offenheit gegenüber anderen lässt sich nämlich trainieren.

Machen Sie mindestens einmal am Tag Small Talk mit einem unbekannten Menschen. Entweder machen Sie selbst den Anfang oder Sie gehen auf die zufällige Bemerkung eines anderen mit ein paar netten Sätzen ein. Ein guter Einstieg zum Small Talk sind Fragen, auf die man nicht nur mit »ja« oder »nein« antworten kann: »Wie finden Sie …?«, »Wie kommt es eigentlich, dass …?«, »Was meinen Sie zu …?«.

Verzichten Sie auf Diskussion. Normalerweise widersprechen wir, sobald unser Gegenüber anderer Ansicht ist als wir. Politische Entscheidungen, die Rolle der Kirche in der Gesellschaft, Tierhaltung, Schönheitschirurgie – es gibt 100 Gelegenheiten, dem anderen nachzuweisen, dass er sich gründlich irrt. Nehmen Sie beim nächsten Mal bewusst eine Auszeit von Ihrer Überzeugung. Versuchen Sie einfach nur zu verstehen, warum Ihr Gesprächspartner dieser Meinung ist. Fragen Sie nach: »Wie kommst du darauf?«, »Welche Erfahrung hast du damit gemacht?«.

Lesen Sie eine Exoten-Zeitschrift. Wahrscheinlich haben Sie Lieblingsblätter, die Sie sich regelmäßig kaufen oder zu denen Sie gerne beim Friseur und im Wartezimmer greifen. Machen Sie sich einmal das Vergnügen, in eine Zeitschrift für ein Ihnen unbekanntes Gebiet zu schauen. Am Zeitungskiosk oder im Bahnhof gibt es schier unglaubliche Varianten nationaler Presse. Wie wäre es zum Beispiel mit dem *Oldtimer Markt*, dem *Taucher* oder dem *Tätowiermagazin*? Ihnen werden sich ganz neue Welten auftun. Sie müssen das Blatt ja nicht abonnieren.

Glückspilze sind offen für Neues

Wir winken meist ab, wenn etwas nicht offensichtlich unserer Neigung oder unseren Gewohnheiten entspricht und wir deshalb über unseren Schatten springen müssten. Etwa wenn Ihr japanischer Kollege Sie in eine Karaoke-Bar mitnehmen möchte. Dann schlagen Sie möglicherweise schnell eine andere Art der Unterhaltung vor, weil es Ihnen peinlich ist, in der Öffentlichkeit zu singen. Oder Ihre Designer-Freundin organisiert eine kleine Modenschau und bittet dazu Frauen aus ihrem Bekanntenkreis, die Kleider als Laienmodels vorzuführen. Sie machen da nicht mit: Schon bei der bloßen Vorstellung, von allen angestarrt zu werden, ist Ihnen unbehaglich.

Glückspilze gehen mit unbekannten Situationen anders um. Sie werfen häufiger einen Blick über ihren Tellerrand und sind bereit, Neues auszuprobieren. Sie lernen Russisch, nur so aus Spaß, machen einen Salsa-Kurs mit ihrem Partner oder begeben sich zeitweilig in andere Lebensbereiche.

Wie Silke, eine erfolgreiche PR-Frau. Sie hat es sich zur Aufgabe gemacht, in den Wintermonaten regelmäßig Obdachlose zu unterstützen. Sobald es richtig kalt wird, verteilt sie zusammen mit ihrem Sohn warme Kleidung, die sie bei Freunden gesammelt hat, dicke Handschuhe, Schals, auch mal einen Schlafsack. »Ich bin danach jedes Mal wieder dankbar für alles, was ich habe.«

Einen neuen Bereich hat auch der Betriebswirt Stefan für sich entdeckt. Seit vier Monaten ist er ehrenamtlicher Betreuer einer Eishockey-Jugendmannschaft. Ein Freund hat ihn mal zu einem Spiel mitgenommen, so kam er in Kontakt mit dem Verein. Er selbst kann wegen eines Rückenleidens keinen Sport treiben, aber ihm macht es riesig Spaß, mit den Jugendlichen zu Auswärtsspielen zu fahren und sie zu unterstützen. »Ich liebe es!«, sagt er begeistert. »Sonst würde ich bestimmt nicht am Wochenende im Winter morgens um vier aufstehen, um mit den Kids im Bus zu einem Spiel bis an die polnische Grenze zu fahren.« Ab und zu eine Freikarte für ein Länderspiel ist das Sahnehäubchen.

Raus aus der Komfortzone

Ein gutes Training, für neue Erfahrungen offener zu werden, ist, täglich bewusst die Routine zu durchbrechen. Keine Sorge, jetzt kommt nicht die klassische Übung, die einem manche Ratgeber-Bücher nahelegen: mal einen anderen Weg zum Arbeitsplatz nehmen oder im Restaurant ein Gericht bestellen, das man noch nie gegessen hat. Damit verschone ich Sie, denn vermutlich würde es Ihnen ähnlich gehen wie mir beim Selbstversuch: Es hat meine Offenheit nicht besonders gefördert, dass ich nicht wie bisher an netten Geschäften vorbei auf kürzestem Weg mein Büro angestrebt habe, sondern an einer viel befahrenen Straße mit öden Häuserreihen entlanggegangen bin. Und mein guter Wille, beim Thailänder mal ein anderes Gericht als mein Lieblingsessen zu bestellen, hat dazu geführt, dass ich etwas auf dem Teller hatte, das wie farblose Gummibärchen aussah und auch so schmeckte.

Sie haben gewiss mehr davon, wenn Sie Dinge ausprobieren, die für Ihr Glückspilzpotenzial einen echten Nutzen versprechen. Versuchen Sie es doch einmal so.

Würfeln Sie Ihr Abenteuer aus

Garantiert gibt es einiges, was Sie schon immer mal tun oder erleben wollten, sich aber bisher nicht so recht trauten, nie Zeit dafür gefunden haben oder kein Geld ausgeben mochten. Dabei muss es sich keineswegs um spektakuläre Vorhaben handeln. Es sollte aber etwas sein, was Sie wirklich gerne tun würden – also nichts, wozu Sie eigentlich keine Lust haben und es deshalb aufgeschoben haben. Schreiben Sie sechs solcher Wunschziele auf und nummerieren Sie sie von eins bis sechs.

Vielleicht inspiriert Sie das Beispiel von Esther, 51, Physiotherapeutin mit eigener Praxis. Auf ihrer Liste steht:

1. Tangokurs für Fortgeschrittene
2. Wellnesswochenende mit meiner Freundin Ute
3. Nicola besuchen, die in Köln studiert
4. Die Übungen aus dem Yogakurs auch zu Hause machen
5. An einem Weinseminar teilnehmen
6. Einen Kurzhaarschnitt ausprobieren

Ihre Liste ist fertig? Gut. Dann nehmen Sie einen Würfel zur Hand. Aber Achtung: Bevor Sie würfeln, müssen Sie sich selbst das feste Versprechen geben, die Entscheidung des Würfels zu akzeptieren und das jeweilige Vorhaben auch wirklich umzusetzen. Kneifen ist ebenso wenig erlaubt wie ein zweiter Versuch. Wenn also Esther zum Beispiel eine 3 würfelt, muss sie umgehend ihre Tochter Nicola in Köln besuchen, natürlich an einem für beide passenden Termin. Bevor es für Sie ernst wird, sollten Sie deshalb Ihre Liste unter diesem Aspekt noch einmal durchsehen und gegebenenfalls korrigieren. Falls Sie nämlich euphorisch »Drachenfliegen« oder ähnliche Herausforderungen notiert haben, sind Sie nach dem Würfeln dran! Überlegen Sie sich also gut, was Sie eintragen. Steigern können Sie sich ja immer noch.

Sobald Sie umgesetzt haben, was Ihnen der Würfel vorgegeben hat, ergänzen Sie Ihre Liste wieder auf sechs Punkte. Und dann gehen Sie demnächst genauso vor. Wie mir die Rückmeldung anderer und meine eigene Erfahrung zeigen, kann diese Übung ganz schön aufregend sein, je nachdem, wie abenteuerlich Ihre Eintragungen sind.

Wollen Sie ein Glückspilz sein?

Die Übungen zu mehr Offenheit gegenüber Menschen und Situationen sind eine Starthilfe auf dem Weg zum Glückspilz. Doch entscheidend ist, dass Sie konsequent daran arbeiten, einer zu werden. Am Anfang ist das ziemlich unbequem, denn Sie müssen von lieb gewonnenen Denk- und Verhaltensmustern Abschied nehmen. Adieu Schneckenhaus und Vorurteil!

Der erste Schritt dazu ist, die Gewohnheiten überhaupt erst einmal zu identifizieren. Überlegen Sie immer wieder im Laufe des Tages: Was würde ein Glückspilz darüber denken? Statt: »Die sieht ja unmöglich aus mit dem roten Hut und den riesigen Ohrringen« formulieren Sie dann vielleicht um: »Interessant, die hebt sich eigenwillig von der grauen Masse ab.« »So ein öder Job!« ersetzen Sie durch: »Prima, dass ich den Auftrag gekriegt habe. Er ist zwar nicht so interessant, aber ich verdiene damit gutes Geld.« Fragen Sie sich auch: Wie würde sich ein Glückspilz jetzt verhalten?

Statt sich dann im Park eine Bank möglichst weit von anderen Spaziergängern auszusuchen, nehmen Sie dort Platz, wo schon jemand sitzt. Vielleicht ergibt sich ein nettes Gespräch. Statt sich mit einer

DVD aufs Sofa zu verziehen, geben Sie sich einen Ruck und gehen auf die Party, auch wenn Sie dort nur die Gastgeber kennen. Statt auf die Einladung einer Bekannten zu sagen: »Vielen Dank, aber ich interessiere mich nicht so für Kammermusik« nehmen Sie ihren Vorschlag, sie zum Konzert zu begleiten, an.

Nicht immer wird das zu gloriosen Ergebnissen führen, aber es trainiert Ihren Glückspilzmuskel, so wie Profisportler regelmäßig trainieren, um im Ernstfall das volle Repertoire zur Verfügung zu haben.

Falls Sie gerne wissen möchten, wie weit Sie schon auf dem Weg zum Glückspilz sind oder wo es sich für Sie lohnt, noch nachzulegen, können Sie das gleich einmal testen. Sollte Ihnen ein ganzer Fragebogen zu aufwändig sein, bleibt Ihnen immer noch die Kurzform: Wann haben Sie das letzte Mal Geld auf der Straße gefunden? …

Test: Sind Sie ein Glückspilz?

Ganz klar, auch Sie besitzen genügend Glückspilzpotenzial, um Ihr Schicksal positiv zu beeinflussen. Die Frage ist nur, inwieweit Sie es einsetzen. Testen Sie hier, wie gut Ihnen das schon gelingt und wo Sie vielleicht noch ein bisschen nachbessern sollten.

Kreuzen Sie bei jeder Frage die Antwort an, die am ehesten für Sie zutrifft.

1. Liebeskummer, Schlüssel verloren – wie viele Freunde könnten Sie im Notfall mitten in der Nacht anrufen?

0 – 1	B
2	A
3	D
Mehr als 4	C

2. **Kreuzen Sie bitte alles an, was für Sie zutrifft. In den vergangenen fünf Tagen haben Sie jemandem …**

   - ohne besonderen Anlass geschrieben oder ihn angerufen. B
   - ein Kompliment gemacht oder ihn gelobt. B
   - eine Freude gemacht, einfach so. B
   - einen Gefallen getan oder einen guten Tipp gegeben. B

3. **Ein Konzern testet die Motivation seines Manager-Nachwuchses, indem er ihn im Clownskostüm in die belebte Fußgängerzone schickt. Würden Sie so etwas mitmachen?**

   - Niemals. Das geht wirklich zu weit. B
   - Notgedrungen, wenn ich den Job haben will. A
   - Klar. Ich finde das lustig. C
   - Warum nicht? Immerhin eine ganz neue Erfahrung. D

4. **Sie wollen einen bestimmten Film sehen. Kurz bevor Sie an der Kinokasse dran sind, sind die Karten ausverkauft. Sie …**

   - gehen ärgerlich nach Hause. Der Abend ist gelaufen. B
   - sehen sich enttäuscht einen anderen Film an. A
   - disponieren einfach um und gehen in ein nettes Lokal. C
   - bestellen für morgen Karten vor und gehe nach Hause. D

5. **Finden Sie spontan die passenden Vergleiche für den Menschen, der Ihnen am nächsten steht. Was wäre er als …**

Tier: ______________

Pflanze: ______________

Lied: ______________

Duft: ______________

Farbe: ______________

Musikinstrument: ______________

Wie gut hat es mit den Vergleichen geklappt?

- Das ging ganz leicht. C
- Dazu fiel mir kaum etwas ein. B
- Bei ein, zwei Begriffen musste ich länger nachdenken. D
- Ich habe ziemlich lange dafür gebraucht. A

6. **Welche Bedeutung haben Ihre Träume für Sie?**

- Ich kann mich morgens an nichts mehr erinnern. B
- Ich glaube, dass mir meine Träume etwas sagen wollen. C
- Träume sind Schäume. A
- Über manche Träume denke ich schon nach. D

7. Unter dem Mietvertrag fehlt nur noch die Unterschrift. Der Makler reicht Ihnen schon den Füllfederhalter. Plötzlich haben Sie ein ganz ungutes Gefühl. Was tun Sie?

- Sie sagen: »Tut mir leid, ich kann nicht.« C
- Sie bitten um einen Augenblick Bedenkzeit. D
- Das ist bestimmt nur die Aufregung. Sie unterschreiben. B
- Sie denken an die Vorteile der neuen Wohnung und unterschreiben. A

8. »Da hast du dich ja schön blamiert.« »Das schaffst du bestimmt nicht.« »Du siehst ja wieder furchtbar aus.« – Wie oft kommt Ihre kritische innere Stimme zu Wort?

- Auf jeden Fall zu oft. A
- Sie hat bei mir das Sagen. B
- Sie meldet sich ab und zu. D
- Ich höre sie kaum. C

9. Sie machen bei einem Preisausschreiben mit. Hauptgewinn zwei Wochen Malediven. Während Sie die Karte ausfüllen, denken Sie:

- Für die Malediven brauche ich noch neue Badesachen. C
- Ein guter Trick für Firmen, um an Kundenadressen zu kommen. A
- Vielleicht habe ich ja Glück. D
- Eigentlich Blödsinn, ich gewinne doch sowieso nie etwas. B

10. Wie sehen Sie sich im hohen Alter?

- Ich genieße entspannt meinen Lebensabend. C
- Ich bin von Altersleiden geplagt, kann nicht mehr gut gehen und sehen. A
- Ich mache mich in meiner Umgebung noch immer nützlich D
- Ich fühle mich ein bisschen einsam und überflüssig. B

11. Ihnen steht ein Gespräch mit einem schwierigen Menschen bevor. Was denken Sie?

- Das wird sicher wieder unangenehm. B
- Wie verhalte ich mich am besten? D
- Lässt sich ja nicht ändern, also Augen zu und durch. A
- Es geht bestimmt gut. C

12. Denken Sie an eine große Krise in Ihrem Leben, die mindestens ein Jahr zurückliegt. Wie geht es Ihnen heute damit?

- Das ist für mich längst vorbei. D
- Ich bin dafür dankbar, denn ich habe meine Lektion gelernt. C
- Ich leide bis jetzt an den Folgen. B
- Wenn ich mich daran erinnere, kommen immer noch starke Gefühle hoch. A

13. Ein Sprichwort sagt: »Jedes Problem trägt ein Geschenk in der Hand.« Was halten Sie davon?

- Das ist nur Schönfärberei. B
- Für einige Probleme trifft das sicher zu. A
- Stimmt! C
- Leider dauert das Auspacken ziemlich lange. D

14. Eine Freundin hat Sie sehr gekränkt. Wie gehen Sie damit um?

- Ich vergebe und vergesse das ziemlich schnell. C
- Ich bin nachtragend wie ein alter Elefant. Rache ist süß. A
- Ich breche den Kontakt zu ihr ab. B
- Ich begegne ihr in Zukunft mit einer gewissen Vorsicht. D

15. Sie sind schuldlos in einen Autounfall verwickelt. Ihr Auto ist schrottreif, Sie haben ein leichtes Schleudertrauma. Wie beurteilen Sie das?

- Ein Riesenpech, dass es ausgerechnet mich erwischt hat. B
- Ein großes Glück, dass mir nicht mehr passiert ist. C
- Man sollte solchen Idioten den Führerschein abnehmen! A
- Ich habe wenigstens noch Glück im Unglück gehabt. D

16. **»Jeder ist seines Glückes Schmied« – gilt das für Ihr Leben?**

- Kaum. Die Umstände haben mir dazu nicht viel Spielraum gelassen. B
- Ja, unbedingt. C
- In einigen Fällen schon, aber in vielen anderen konnte ich nichts ändern. A
- Wann immer sich die Chance zum Glück ergab, habe ich das Beste daraus gemacht. D

Auswertung

Geben Sie sich für jedes

A = 2 Punkte
B = 1 Punkt
C = 4 Punkte
D = 3 Punkte

Rechnen Sie nun Ihre Punkte zusammen. Die Auflösung finden Sie unter dem entsprechenden Punktwert.

15 – 25 Punkte: Sie stellen sich hinten an. Mal ehrlich, Sie sind ziemlich unzufrieden mit Ihrer Position im Leben. Und – es wird Sie überraschen – das ist auch gut so! Ihre Unzufriedenheit enthält nämlich eine Menge Energie. Bisher haben Sie die wahrscheinlich nur dazu benutzt, mit Ihrer Vergangenheit und den gegenwärtigen Bedingungen zu hadern oder neidisch auf die zu sein, denen es besser geht. Verwandeln Sie diese Energie in Aktivität. Anstatt darüber zu jammern, was Sie alles nicht haben und was Ihnen das ungerechte Schicksal vorenthält, holen Sie sich, was Ihnen fehlt. Damit Ihre Aktivität ganz gezielt

in die passende Richtung geht, machen Sie sich dazu als Erstes eine Liste Ihrer Wünsche. Überlegen Sie dann bei jedem einzelnen, was Sie selbst dafür tun können, damit er sich erfüllt. Erfolg haben Sie nämlich nur, wenn Sie sich Ziele setzen, die allein von Ihnen abhängig sind. Über andere Menschen haben Sie schließlich keine Kontrolle. Denken Sie also nicht »Mein Partner soll mehr Zeit für mich haben«, sondern: »Ich schlage ihm etwas Schönes vor, das wir gemeinsam unternehmen können." Fangen Sie mit kleinen Zielen an, gehen Sie Schritt für Schritt vor, aber bleiben Sie beharrlich. Sie werden staunen, wie viel Sie selbst in der Hand haben, um sich beim Schicksal positive Erfahrungen abzuholen.

26 – 39 Punkte: Bei Ihnen wechseln Erfolg und Niederlage. Ihr Lebensgefühl ist wie Fortuna auf der rollenden Kugel: Eine ganze Weile sind Sie obenauf. Sie haben gute Laune, sind unternehmungslustig und gehen mit Schwung an Ihre Arbeit. Alles scheint Ihnen in den Schoß zu fallen. Dann wieder sind Sie deprimiert: Nichts klappt, nichts macht Ihnen Freude, Sie fühlen sich überlastet, ungeliebt, überflüssig. Das liegt nicht etwa daran, dass Sie das Leben ständig in ein Wechselbad der Ereignisse taucht. Der Saboteur in Sachen Glück sitzt in Ihrem eigenen Kopf. Sie machen sich manchmal zu viele Gedanken und blockieren sich damit selbst. Ihnen täte es gut, mehr Vertrauen zu entwickeln, in sich selbst, in andere und auch darin, dass das Leben Gutes für Sie bereithält. Wenn Sie sich demnächst wieder einmal dabei ertappen, dass Sie denken: »Das wird doch sowieso nichts« oder »Keiner liebt mich«, dann fragen Sie sich: Nutzt mir dieser Gedanke etwas? Schicken Sie sämtliche negativen Gedanken durch diesen Filter. Verbannen Sie mit einem bewussten »Stopp!« diejenigen, die Sie nicht stärker, fröhlicher oder aktiver machen. Das erfordert natürlich eine Menge Aufmerksamkeit, zumindest am Anfang. Aber Sie werden sehen, auf diese Weise werden die Phasen, in denen Sie sich als Glückspilz fühlen, wesentlich länger.

40 – 52 Punkte: Es darf ein bisschen mehr sein. Sie sind mit Ihrem Leben durchaus zufrieden. Dank Ihres persönlichen Einsatzes läuft der Alltag meist rund. Sie packen Ihre Aufgaben mit Elan an und geben immer Ihr Bestes. Das bleibt nicht ohne positive Folgen. Auch in puncto Beziehungen und Kontakte sieht es durchaus positiv aus. Sie handeln nach dem Motto »Wie man in den Wald hineinruft, so schallt es auch wieder heraus.«. Entsprechend ernten Sie, was Sie säen: Freundlichkeit und Wohlwollen.

So weit, so gut. Aber da wären noch in einer Ecke Ihres Herzens ein paar heimliche Sehnsüchte. Diejenigen, die Sie immer mit rationalen Argumenten wegdrücken, etwa indem Sie sich sagen: »Man kann eben nicht alles haben« oder »Anderen geht es doch viel schlechter als mir.« Damit haben Sie sicher Recht, doch glücklicher macht Sie diese Einsicht nicht. Deshalb sollten Sie sich Ihre Träume noch einmal vornehmen. Prüfen Sie: Sind sie tatsächlich völlig unrealistisch? Und was steckt wirklich dahinter? Wenn Sie zum Beispiel eine weite Reise machen möchten, verbirgt sich dahinter möglicherweise Ihr Wunsch nach Freiheit oder Anregung. Überlegen Sie, wie Sie diese Sehnsucht auch schon jetzt und hier befriedigen können. So bekommen Sie das Quäntchen Glücksgefühl, das Ihnen noch fehlt.

53 – 64 Punkte: Sie schwimmen obenauf. Das Leben ist schön. So empfinden Sie es jedenfalls die meiste Zeit. Sie freuen sich über eine Blumenwiese, genießen ein schönes Essen oder ein gutes Gespräch. Wer allerdings daraus schließt, dass Ihr Alltag immer leicht ist und Sie nur auf der Sonnenseite spazieren, täuscht sich. Sie müssen sich ebenso Herausforderungen stellen, mit Krisen und Problemen fertig werden wie andere auch. Dass Sie finden, Sie hätten das große Los gezogen, kann also nicht nur an einem freundlichen Schicksal liegen. Es hat vor allem mit Ihrer inneren Einstellung zu tun. Sie gestalten Ihr Leben ganz bewusst. Was Sie ändern können, gehen Sie an. Schließlich haben Sie längst erkannt, dass es nichts bringt zu warten, bis sich von selbst etwas tut. Deshalb übernehmen Sie die Verantwortung, soweit das möglich ist. Und was sich nicht ändern lässt, nehmen Sie gelassen hin. Auch das ist eine Kunst. Dazu gehört, dass Sie auch mal Fünfe gerade sein lassen und sich entspannen. Auf diese Weise schaffen Sie selbst die besten Voraussetzungen, um weiterhin auf der Gewinnerseite zu sein.

Das Schicksal und die Freundlichkeit

Außer Offenheit und Kontaktfreude gibt es offenbar noch weitere für unser Schicksal entscheidende Verhaltensweisen. Eine scheint besonders wichtig zu sein: Der gute Umgang mit anderen Menschen.

Nicht ohne Grund zeigen auch viele Sprichworte zunächst den Weg in Richtung Freundlichkeit und Rücksichtnahme. Schon Generationen vor uns kannten den schönen Satz: »Was du nicht willst, das man dir tu, das füg auch keinem andern zu.« Sogar die Bibel gibt eine ähnliche Anleitung: »Was ihr wollt, dass euch die Leute tun sollen, das tut ihnen zuerst.«

Tatsache ist aber auch, dass diese Anweisung in der Gegenwart überholt erscheint. Ob im Bankwesen oder am Taxistand: Es herrschen Egoismus und Ellenbogenmentalität. Wer freundlich ist und auf die Bedürfnisse anderer Rücksicht nimmt, wird als naiv belächelt. Das aktuelle Sprichwort lautet eher: »Nur die Harten kommen in den Garten.« Oder, wie es kürzlich der Chef eines großen TV-Senders als Parole ausgab: »Kill to win. No prisoners.« Es sieht ganz so aus, als ob wir wesentlich mehr erreichen, wenn wir die eigenen Interessen an erste Stelle setzen und sie konsequent verteidigen, auch gegen die der anderen.

Was bringt denn nun mehr, Freundlichkeit oder hartes Durchsetzen? Womit nehmen Sie den größten Einfluss auf Ihr Schicksal? Damit Sie sich für das günstigste Verhalten entscheiden können, gibt es einiges grundlegend zu bedenken.

Konkurrenz oder Kooperation?

Angeblich entspricht es der Natur der Menschen, miteinander im Wettkampf zu stehen. Soziobiologen belegen das mit Beobachtungen aus der Tierwelt. Dass dort das Recht des Stärkeren gilt, können wir schließlich in jedem Tierfilm sehen. Daher folgern einige Wissenschaftler, dass Konkurrenzstreben ebenfalls Teil unserer menschlichen Natur ist. Damit hätten wir einen Freibrief, uns ohne Rücksicht auf Verluste durchzusetzen. Wie gerne das aufgenommen wird, zeigt sich besonders deutlich im Geschäftsleben. Gerade in der Finanzwelt hat man auf diese Weise offenbar enormen Erfolg.

Als Millionen Amerikaner ihr Haus verloren, zog John Paulson gerade in ein Schloss um. Das Anwesen »Old Trees« umfasst mit Gästehaus, Pool und Tennisplatz mehr als vier Hektar Land. Über 40 Millionen soll es gekostet haben. Peanuts für den US-Hedgefonds-Star, dessen Vermögen sich auf geschätzte zwölf Milliarden Dollar beläuft. Und das kommt nicht von ungefähr: Während andere ins Desaster rasen, zieht Paulson seinen Gewinn daraus. Allein im ersten Jahr der großen Finanzkrise verdiente er Milliarden. Der US-Immobilienmarkt brach zusammen, die Börsen stürzten ab – Paulsons Fonds dagegen erzielte eine hohe Rendite. Paulsons Trick: Er erkannte die drohende Krise vor den meisten anderen, verschwieg aber tunlichst sein Wissen. Stattdessen wettete er mithilfe von passenden Derivaten und Kreditprodukten auf einen Absturz. Als dann der Crash kam und alle anderen riesige Verluste hinnehmen mussten, kassierte er ab. Dieses Szenario zieht sich durch seine gesamte Banker-Karriere. Juristisch ist dagegen nichts einzuwenden. Einige feiern ihn deshalb als finanzielles Genie vom Kaliber eines Warren Buffet.[46]

Ähnlichgeht es auch auf anderen Gebieten zu. In der Biografie von Superstar Madonna zum Beispiel kann man nachlesen, dass sie Menschen fallen gelassen hat, sobald sie ihr nicht länger nützlich waren. Ihre erste Agentin etwa konzentrierte sich voll auf Madonnas Karriere und verzichtete dafür auf andere Klienten, in der Hoffnung, später vom Aufstieg ihres Schützlings finanziell profitieren zu können. Kaum hatte Madonna erste Erfolge, wechselte sie jedoch die Agentur. Ob es Manager, Bandleader oder Produzenten betraf, mit diesem Prinzip gelangte sie ganz nach oben.

Es gibt zahlreiche Beispiele, wie die »Harten in den Garten« kommen. Bevor Sie aber jetzt als Gutmensch resignieren und glauben, Sie müssten sich notgedrungen für einen geringeren Erfolg entscheiden, damit Sie sich im Spiegel noch in die Augen sehen können, lassen Sie sich überraschen.

Kooperation gewinnt

Es gibt zahlreiche Wissenschaftler, die der Hypothese vom angeborenen Konkurrenzverhalten entschieden widersprechen. Sie sind der Ansicht, dass der Mensch durch seine Fähigkeit zur Kultur andere Möglichkeiten und Maßstäbe hat. Falls er überhaupt zum Konkurrenzverhalten neige, so sei das anerzogen. Für diese Vertreter gelten nicht einmal die Beweise aus dem Tierreich. Schaut man nämlich genauer hin, geht selbst dort offenbar Kooperation vor Konkurrenz. Der Zoologe Marvin Bates sagt dazu: »Der Wettbewerb oder ›Kampf‹ ist ein Oberflächenphänomen, das eine im Wesentlichen wechselseitige Abhängigkeit überlagert. Das Grundthema in der Natur ist eher Kooperation, nicht der Wettkampf.«[47] Das bestätigt indirekt auch der Vater der Evolutionstheorie, Charles Darwin. Seine berühmte These vom »Survival of the fittest« wird oft mit »Überleben der Stärksten« übersetzt. Das ist jedoch falsch. Unter »fit« versteht Darwin, dass sich eine Art ihrer Umgebung trotz schwieriger Bedingungen optimal anpassen kann. »Survival of the fittest« heißt also, dass die Anpassungsfähigsten überleben. Kooperation aber ist auf längere Sicht klüger und damit die bessere Form der Anpassung. Das beweist unter anderem ein berühmtes Experiment aus der Spieltheorie.

Zwei Spieler müssen vorab entscheiden, ob sie kooperieren wollen oder nicht, ohne dass sie erfahren, wie sich ihr Partner verhalten wird. Kooperieren beide, erhält jeder 300 Dollar. Verweigern beide die Kooperation, müssen sie je zehn Dollar Strafe bezahlen. Wenn allerdings ein Spieler kooperiert und der andere nicht, muss der kooperative Spieler 100 Dollar Strafe zahlen, während der andere 500 Dollar erhält. Auf den ersten Blick bietet sich an, nicht zu kooperieren, weil das die höchste Belohnung und geringste Strafe verspricht. Doch das gilt nur, falls man das Spiel ein einziges Mal spielt. Kein Spieler kann nämlich auf die Dauer die Kooperation verweigern, ohne dass sein Partner es ebenfalls tut. Klüger ist es in dem Fall, auf Kooperation zu setzen und gemeinsam je 300 Dollar einzustecken. Entsprechend fanden die Wissenschaftler heraus: Spielten die Teilnehmer häufiger miteinander, kooperierten sie.

In der Theorie klingt das zwar recht überzeugend, aber was ist konkret mit dem Erfolg? Bleiben wir der Vergleichbarkeit wegen bei einem Beispiel im Finanzbereich. Dort stellt sich die Frage, ob man mit Kooperation ebenso viel Geld verdienen kann wie mit dem rücksichtslosen Durchsetzen eigener Interessen. Die gute Nachricht: Man kann. Und das Beste ist, dass man dabei statt auf Unglück auf Unterstützung baut.

Soziales Unternehmertum

»Social Entrepreneurship«, »Soziales Unternehmertum«, steht für eine neue Art von Zielsetzung und Geschäftsführung: Soziale Unternehmer setzen sich dafür ein, innovativ, pragmatisch und nachhaltig einen positiven Wandel in der Gesellschaft zu bewirken. Die Gebiete, auf denen sie sich engagieren, sind vor allem Bildung, Umweltschutz und Bekämpfung der Armut. Inzwischen gibt es sogar schon eine internationale Non-Profit-Organisation zur Förderung von Social Entrepreneurship.

Der Wirtschaftswissenschaftler Bill Dayton gründete »Ashoka«, eine Organisation, die sich zum Ziel gesetzt hat, weltweit sozial orientierte Unternehmer zu finden und zu fördern. Der Name ist Programm. Ashoka, einer der größten Herrscher der indischen Antike, setzte sich für Versöhnung, Freiheit und Wohlstand ein. Seit 1980 hat Daytons Ashoka über 2000 Social Entrepreneurs in mehr als 60 Ländern gefördert. Viele Unternehmen erwiesen sich als äußerst profitabel. Doch statt ihre Gewinne für sich herauszuziehen und sich dafür Luxusyachten und Schlösser anzuschaffen – was ihnen finanziell durchaus möglich wäre –, investieren die Unternehmer sie lieber erneut, um ihre gesellschaftlichen Ziel noch engagierter zu verfolgen. Dies ist auch ein Luxus, der aber gewiss eine tiefere Befriedigung verschafft.

Das bekannteste Ashoka-Mitglied ist der Inder Muhammad Yunus, Gründer der Grameen Bank. Er wurde 2006 für sein Mikrokredit-Programm mit dem Friedensnobelpreis ausgezeichnet. Die Initialzündung zu seinem Projekt erhielt er in den 70er Jahren, als er die ärmsten Haushalte eines Dorfes in Bangladesch besuchte. Frauen, die dort Bambusmöbel herstellten, mussten Geldverleihern Wucherzinsen für Darlehen zahlen, damit sie überhaupt Material kaufen konnten. Die Banken lehnten es ab, ihnen Geld zu fairen Bedingungen zu leihen, weil ihnen das Rückzahlungsrisiko zu hoch war. Yunus gab 42 Frauen des Dorfes ein Darlehen von seinem eigenen Vermögen zu einem geringen Zinssatz. Er glaubte fest daran, dass die Armen das geborgte Geld zurückerstatten würden – und er behielt Recht. Schließlich gründete er eine eigene Bank, die bald international tätig wurde. Das Prinzip der Kleinkredite ist inzwischen weltweit ein Gewinn für alle Seiten: Die Bank verdient über die Menge gutes Geld, die Wirtschaft der jeweiligen Gebiete wird angekurbelt, und die Lebensbedingungen der Einwohner verbessern sich deutlich.

Das Ergebnis der Gegenüberstellung liegt auf der Hand: Kooperation ist auf die Dauer effektiver als Konkurrenz. Nicht nur, was das nachhaltige Ergebnis betrifft, sondern auch mit Blick auf ein gutes Gewissen, Glück und Gesundheit. Und das Passwort für eine befriedigende Zusammenarbeit im Großen wie im Kleinen heißt »Freundlichkeit«. Nach dem Sprichwort »Wie man in den Wald hineinruft, so schallt es heraus« wirkt sie sich positiv auf alle aus, die mit uns zu tun haben, und bringt damit auf sämtlichen Gebieten des Lebens Gewinn.

Die Definition von Freundlichkeit

Nun kann es durchaus sein, dass Sie mit dieser Schlussfolgerung nicht einverstanden sind, weil Sie in Ihrem Leben bisher mit Freundlichkeit keine guten Erfahrungen gemacht haben. Vielleicht sind Sie ausgenutzt worden, oder Sie haben beobachtet, wie andere hintergangen wurden und das Nachsehen gegenüber ihren egoistischen Mitmenschen hatten. Natürlich, das gibt es. Niemand von uns ist gegen die Gemeinheit, Rücksichtslosigkeit oder Unfairness anderer Leute gefeit. Allerdings gibt es dazu einen weisen Spruch: »Beim ersten Mal ist der andere Schuld, beim zweiten Mal du selbst.« Das besagt, dass wir jemandem, der unsere Freundlichkeit missbraucht hat, in Zukunft mit Vorsicht begegnen sollten. Fortgesetzte negative Erfahrungen dieser Art beruhen aber in den meisten Fällen auf falsch verstandener Freundlichkeit. Deshalb ist es notwendig, dass wir erst einmal genau definieren, was wir unter freundlichem Verhalten verstehen wollen.

Freundlichsein heißt nicht, dass Sie ständig ein Lächeln auf den Lippen tragen und niemandem einen Wunsch abschlagen. Es bedeutet auch nicht, dass Sie Ihre eigenen Interessen verleugnen und sich alles bieten lassen. Echte Freundlichkeit ist eine grundsätzliche Haltung gegenüber Mitmenschen, die von Wertschätzung geprägt ist.

Linda Kaplan Thaler und Robin Koval sind Managerinnen einer führenden US-Werbeagentur mit Milliardenumsatz. Ihnen kann sicher niemand vorwerfen, sie würden weichherzig ihre eigenen Interessen zurückstellen. Trotzdem, oder gerade deshalb, brechen sie in ihrem Buch *The Power of Nice* eine Lanze für die Freundlichkeit. Sie beschreiben sie so: »Sie sollten jeden, den Sie treffen, so behandeln, als ob er der wichtigste Mensch auf Erden wäre – weil er das ist. Wenn nicht für Sie, dann für jemanden anderen; und wenn nicht heute, dann vielleicht morgen.«[48] Das klingt für unsere deutschen Ohren ein bisschen amerikanisch überschwänglich, doch was dahintersteckt, können wir gewiss bejahen: Jeder Mensch ist wertvoll und sollte auch so behandelt werden.

Ob Freundlichkeit tatsächlich dieser Haltung entspringt, lässt sich von außen schwer beurteilen. Doch für uns selbst können wir das schnell klären. Dazu müssen wir uns nur diese Frage beantworten: Was ist mein Motiv? Viele Menschen sind nur deshalb immer nett und freundlich, weil sie Angst vor Ablehnung haben. Sie wollen geliebt werden und glauben, mit Selbstaufgabe könnten sie das erreichen. Also lächeln sie tapfer, auch wenn man sie verletzt. Sie stimmen höflich zu, obwohl sie eigentlich anderer Meinung sind. Sie machen Geschenke, um sich Liebe zu erkaufen. Sie stellen die eigenen Bedürfnisse hinter denen der anderen zurück. Heraus kommt dabei etwas, das sich mit dem Ausspruch charakterisieren lässt: »Everybody's Darling is Everybody's Depp.« Klingt hart, stimmt aber.

Wirklich freundliche Menschen dagegen berücksichtigen gleichberechtigt den zweiten Teil des Gebotes der Nächstenliebe. »Liebe deinen Nächsten – wie dich selbst.« Sie vertreten klar und deutlich ihre eigenen Interessen und sind auch in der Lage, Grenzen zu setzen. Nur tun sie das niemals mit ausgefahrenen Ellenbogen und kränkendem Verhalten. Weil es sich dabei um eine grundsätzliche Haltung handelt, bleiben sie selbst dann dabei, wenn sie angegriffen werden, Kritik üben oder entschieden Nein sagen. In dem Fall macht der Ton die Musik. Ganz im Sinne dieser kleinen Anekdote: Ein Mitglied des englischen Oberhauses wurde im Club von einem politischen Kontrahenten übel beschimpft. Statt verbal auf gleiche Weise zurückzuschlagen, blieb der Lord äußerst höflich. Als er anschließend gefragt wurde, warum er denn auf die Beleidigung nicht ebenso scharf reagiert habe, zog er eine Augenbraue hoch und sagte: »Ich lasse mir doch mein Verhalten nicht vom schlechten Benehmen eines anderen diktieren.«

Bitte recht freundlich!

Es geht nicht darum, zum dauerlächelnden Weichei zu mutieren, sondern echte Freundlichkeit zu entwickeln, die auf einem Prinzip von Wertschätzung beruht. Von dieser Art der Freundlichkeit soll im Folgenden die Rede sein, wenn wir untersuchen, wie Sie damit Ihr Schicksal in den unterschiedlichen Bereichen beeinflussen können.

Freundlichkeit im Beruf

Auch wenn wir nicht das ganz große Rad drehen oder Aussicht auf den Nobelpreis haben, können wir in unserer Tätigkeit Freundlichkeit nutzen, um damit unser berufliches Schicksal erfolgreich zu beeinflussen. Eine Kollegin, die eine Zeit lang in Los Angeles gearbeitet hat, erzählte, sie wäre dort immer wieder auf die Philosophie gestoßen: »Be a person people like to work with« – »Sei jemand, mit dem andere gerne arbeiten«.

Wie wichtig dieser Rat ist, wurde mir vor einiger Zeit besonders deutlich. Für eine Samstagabend-Liveshow im Ersten Programm hatte ich den »Großen Partnerschaftstest« entwickelt und sollte ihn zusammen mit Jörg Pilawa moderieren. Die Vorbereitung für die Sendung dauerte drei Tage. Die Liste des Mitarbeiterstabes umfasste sechs Seiten, vom Regisseur über die Spiele-Techniker, Lichtdesigner, Requisite, Masken- und Kostümbildnerinnen bis hin zur Kabelhilfe. Kaum einer dieser Mitarbeiter war fest angestellt, fast alle wurden speziell für dieses Projekt gebucht. Tatsächlich habe ich selten so ein freundliches Team erlebt. Wenn jemand etwas gut machte, wurde großzügig Lob verteilt. Gab es Schwierigkeiten, überlegte man gemeinsam, wie man das Problem am besten lösen könnte. Kurz vor der Übertragung wünschten mir alle, die ich auf dem Weg ins Aufnahmestudio traf, viel Glück. Was ich gerne annahm, denn die Vorstellung, gleich vor erwarteten sechs Millionen Fernsehzuschauern auf dem Präsentierteller zu stehen, war doch ziemlich aufregend.

Im Nachhinein wurde mir klar, warum sich alle so freundlich und kooperativ verhielten: Zum einen funktionierte auf diese Weise das komplizierte Zusammenspiel reibungslos, aber vor allem wurden mit Sicherheit nur diejenigen für das nächste Projekt wieder gebucht, mit denen das Arbeiten angenehm war.

»Ist doch logisch«, sagen Sie jetzt vielleicht. »Selbstständige müssen freundlich sein, damit sie Aufträge bekommen. Aber ich bin angestellt, und bei uns ist das zumindest intern nicht so existenziell wichtig.« Da wäre ich mir nicht so sicher. Zugegeben, oft sieht es lange Zeit so aus, als könnten sich Menschen, besonders solche in Machtpositionen, erlauben, auf Freundlichkeit zu verzichten. Könnten straflos launisch und arrogant sein, Mitarbeiter schikanieren und demütigen. Interessant wird es allerdings, wenn man sich das Schicksal dieser Personen auf die Dauer anschaut. Denn so ein Verhalten kann man sich nur leisten, solange man sich in einer überlegenen Position befindet. Sobald diese Menschen die äußeren Zeichen ihrer Stärke verlieren, fallen sie tief. Plötzlich sind sie einsam, weil niemandem daran liegt, mit ihnen weiterhin Kontakt zu halten. Und auch einem Festangestellten kann schon morgen die Kündigung ins Haus flattern. Dann trägt nur noch eine gute persönliche Verbindung. Da müssen sich einige notgedrungen auf Freundlichkeit umstellen, weil ihnen sonst das Schicksal in Sachen Erfolg die rote Karte zeigt.

Vor Jahren erhielt ich den Auftrag, eine Artikelserie zu psychologischen Themen für eine Zeitschrift zu schreiben. Die dafür zuständige Ressortleiterin zeichnete sich nicht gerade durch Verbindlichkeit aus und behandelte ihre Mitarbeiterinnen ziemlich barsch. Das bekam ich ebenfalls zu spüren. Einige Zeit später wurde ihr gekündigt, und sie musste sich auf dem freien Markt mit verschiedenen Projekten über Wasser halten. Für eines brauchte sie einen Experten-Kommentar und rief mich deshalb an. Erstaunt hörte ich, wie sie mich am Telefon in ihrem üblichen Befehlston anbellte, ich solle ihr so schnell wie möglich ein Interview geben. Plötzlich wurde ihr wohl bewusst, dass sich die Verhältnisse geändert hatten. Sie war nicht mehr Ressortleiterin, sondern jemand, der eine Bitte an mich richtete. Mitten im Satz schlug ihre Stimme um und klang sanft und liebenswürdig. Aus der forschen Anweisung wurde eine höfliche Anfrage.

Wir sollten uns bemühen, freundlich zu allen Menschen zu sein, mit denen wir beruflich zu tun haben, nicht nur zum Geschäftsführer, sondern auch zur Telefonistin am Empfang und zu dem Boten, der die Post bringt. Auf diese Weise wird es uns zur Gewohnheit. Das kann irgendwann einmal entscheidend sein, wenn wir gar nicht damit rechnen. Linda Kaplan Thaler und Robin Koval belegen das mit der folgenden Geschichte aus ihrem Umfeld.

Drei Beratungsgesellschaften konkurrierten um einen äußerst lukrativen Auftrag. Eine der Gesellschaften flog aus dem Rennen, obwohl sie eine hervorragende Präsentation abgeliefert hatte. Der Grund dafür war eigentlich marginal: Einer ihrer Manager hatte es am Flughafen unterlassen, der Geschäftsführerin des Kunden mit ihrem Gepäck zu helfen. Über seine Unhöflichkeit und den Mangel an Manieren war sie so erbost, dass sie spontan entschied, mit dieser Gesellschaft kein Geschäft zu machen.

Man stelle sich vor: Da hat nun ein ganzes Team Tag und Nacht dafür gearbeitet, einen potenziellen Kunden mit einer großartigen Präsentation für sich zu gewinnen – und dann verlieren sie den Auftrag wegen einer kleinen Unfreundlichkeit. Ziemlich bitter. Lassen wir mal dahingestellt, ob die Empfindlichkeit der Dame professionell war, interessanter ist die Frage, warum sich der Manager nicht um den Koffer gekümmert hatte. Die PR-Ladies Kaplan und Thaler beantworten sie so: »Ganz einfach: Er war unerfahren in der Kunst des Nettseins. Wäre sie Bestandteil seines üblichen Umgangs mit anderen gewesen, so wäre ihm dieser Lapsus nie unterlaufen. Den Koffer einer potenziellen Kundin zu nehmen wäre ihm zur zweiten Natur geworden statt eine Geste, die hin und wieder ausschließlich Vorgesetzten und Top-Kunden vorbehalten ist. Ihm wäre klar gewesen, dass selbst kleine Gesten und Handlungen enorme Auswirkungen zeitigen können.«[49]

Ein schöner Nebeneffekt konsequenter Freundlichkeit: Manchmal kann man damit sogar Vorgesetzte und Kollegen zu liebenswürdigerem Verhalten bringen.

Kerstin arbeitet in einem großen Unternehmen als Assistentin der Geschäftsleitung. Ihr Chef, der offenbar mehr fachliche als soziale Kompetenz besitzt, pflegte seine qualifizierte Mitarbeiterin im Befehlston herumzukommandieren. Kerstin ärgerte sich maßlos darüber, war sich aber sicher, dass es wenig bringen würde, ihn darauf anzusprechen. Also überlegte sie sich eine ungewöhnliche Strategie. Ab sofort begegnete sie ihrem Vorgesetzten mit ausgesuchter Freundlichkeit. Egal, wie barsch er sie ansprach, sie blieb die Liebenswürdigkeit in Person. Schickte er sie wie einen Laufburschen los, konterte sie lächelnd: »Selbstverständlich werde ich Ihnen sofort Ihre Post holen. Kann ich sonst noch etwas für Sie tun?« Regte er sich auf, dass eine Kopie fehlte, die er selbst verlegt hatte, verteidigte sie sich nicht wie bisher, sondern flötete: »Ich mache Ihnen sehr gerne eine neue Kopie. Oder vielleicht gleich zwei?« Dabei klang sie nie unterwürfig, sondern hielt die

Stimmlage einer Hoteldirektorin, die ihrem Gast den Aufenthalt so angenehm wie möglich machen möchte. Ihr Chef reagierte irritiert, immerhin bewegte sich Kerstins Charme an der Grenze zur Ironie, aber er konnte ihr nicht nachweisen, dass ihr Verhalten nicht die pure Freundlichkeit war. Schließlich fiel ihm wohl selbst auf, in welchem Kontrast seine unhöfliche Art zu Kerstins ausgesuchter Freundlichkeit stand. Jedenfalls änderte er nach und nach seinen Ton. »Meine Freundlichkeit hat ihn umgedreht«, freut sich Kerstin. Selbst wenn ihre Taktik nicht gewirkt hätte, so hätte sie auf diese Weise zumindest die Kontrolle über ihre Emotionen behalten.

Freundlichkeit in der Liebe

Sicherlich erwarten Sie vom Schicksal nicht nur beruflichen Erfolg. Eine lange, glückliche Beziehung ist immer noch das Ideal, auch wenn die Realität sie meist auf eine Lebensabschnittspartnerschaft verkürzt. Auch auf diesem Gebiet kann die Wissenschaft Beweise vorlegen, dass Freundlichkeit eine große Wirkung zeigt. Ich rede keineswegs von dem banalen Ratschlag »Seien Sie nett zu Ihrem Partner, dann klappt's auch mit der Liebe«. Wissenschaftliche Ergebnisse belegen, dass oberflächlich liebevolle Gesten und Worte nicht ausreichen. Wahre Freundlichkeit im Sinne von Wertschätzung zeigt sich in kleinen, scheinbar kaum wahrnehmbaren Signalen.

Der amerikanische Psychologieprofessor John Gottman ist durch seine Untersuchungen zur Haltbarkeit von Beziehungen bekannt geworden. Er hat eine Methode entwickelt, mit der sich zu einem hohen Prozentsatz voraussagen lässt, ob ein Paar verheiratet bleibt oder sich scheiden lässt. Die Voraussage beruht auf direkter Beobachtung. Dazu sitzen die Versuchspersonen, jeweils ein frisch verheiratetes Paar, in Gottmans »love lab« auf einer kleinen Bühne im Abstand von zwei Metern voreinander. An ihren Händen und Ohrläppchen sind Elektroden und Sensoren befestigt, um Herzfrequenz, Hauttemperatur und Schweißausbruch zu messen. Zwei Kameras nehmen auf, wie sie sich bewegen und was sie sagen. Die Anweisung für die beiden lautet einfach: »Unterhalten Sie sich über ein Thema, das sich in Ihrer Beziehung zu einem Streitpunkt entwickelt hat.« Geld, Ordnung, Kindererziehung, Freundeskreis, Kleidung, Ausgehen, Haustiere – es gibt schließlich viele große und kleine Bereiche, in denen Konflikte typisch sind. Für einen unbeteiligten Beobachter unterscheiden sich die Gespräche im Labor deshalb kaum von solchen, wie sie Paare im Alltag immer wieder führen. Professor Gottman und seine Mitarbeiter jedoch registrieren jede noch so kleine Reaktion ihrer Probanden und werten sie genau aus. Dabei vergleichen sie die Anzahl der positiven und der negativen Signale, die das Paar einander sendet. Äußern sich die Partner verächtlich, unnachgiebig, kritisch, rechthaberisch oder belehrend, wird das als Minus vermerkt. Sind sie liebevoll, zugewandt, verständnisvoll und kompromissbereit, liegen sie im positiven Bereich. Wohlgemerkt geht es dabei nicht unbedingt um deutlich erkennbares Verhalten, etwa wenn sie ihn beschimpft oder er sie anbrüllt, sondern um subtile Anzeichen wie heruntergezogene Mundwinkel, ein verlegenes Lachen, ein veränderter Tonfall, eine spezielle Wortwahl.

Inzwischen hat Gottman auf diese Weise die Kommunikation von mehr als 3 000 Paaren untersucht und seine Voraussage überwiegend bestätigt gefunden. Die Analysen führten ihn zu einer griffigen Formel: Bei einem Paar, das lange glücklich zusammenleben möchte, sollten die positiven und die negativen Gefühle füreinander bei jedem mindestens im Verhältnis von 5:1 stehen.

Um das zu erreichen, müssen wir uns um eine Grundhaltung bemühen, die den Partner respektiert und seine Bedürfnisse wahrnimmt. Was nicht heißt, dass Sie sich nicht auch mal heftig streiten dürfen. Sie sollten nur unbedingt darauf achten, dabei die vier besonders gefährlichen Liebeskiller zu vermeiden: Herabsetzung, Kritik,

Verteidigungshaltung und Blockade der Wünsche des Partners. Falls Ihnen das doch einmal passiert – schließlich sind wir keine Engel –, dann hilft Ihnen die Gottman'sche 5:1-Formel immerhin, das wieder auszubügeln: Mit fünf liebevollen Handlungen oder verbalen Zuwendungen können Sie den einen negativen Eindruck meist wieder aufheben. Also etwa ein Blumenstrauß, ein Kompliment, ein Kuss, eine Nackenmassage und ein Lieblingsessen gegen eine kränkende Bemerkung.

Freundlichkeit gegenüber Unbekannten

Natürlich lohnt es sich, nett zu jemandem zu sein, mit dem man häufig zu tun hat, seien es die Kollegen, der Partner oder die Nachbarn. Ebenso ist es klug, Menschen liebenswürdig zu behandeln, von denen wir etwas wollen oder von denen wir zumindest teilweise abhängig sind. Etwa gegenüber dem Beamten, der über die Baugenehmigung unseres Wintergartens entscheidet, oder der Klassenlehrerin unseres Kindes.

Weniger selbstverständlich ist es, dass wir zu Personen freundlich sind, die wir nicht kennen und die wir wahrscheinlich auch in Zukunft nicht mehr treffen. So plauderte beispielsweise das Supermodel Claudia Schiffer zu Beginn ihrer Karriere in der Klatschpresse unbedacht aus: »Taxifahrern gebe ich kein Trinkgeld. Die sehe ich ja doch nie wieder.« Auf diese Weise hat sie sicher ein paar Dollar gespart, doch nachahmenswert ist solches Verhalten nicht. Möglicherweise verpasst man nämlich dadurch eine schicksalhafte Chance.

Zugegeben, es passiert wohl eher selten, dass für Freundlichkeit gleich in großem Stil etwas zurückkommt, wie etwa in dem Film *Zwei Millionen Dollar Trinkgeld* mit Nicolas Cage in der Hauptrolle: Die Kellnerin Yvonne bedient in einem Restaurant den Polizisten Charlie besonders freundlich. Leider hat er kein Trinkgeld parat, nur ein Lotterielos in der Tasche. Er verspricht ihr deshalb die Hälfte seines Lottogewinns. Prompt gewinnt er tags darauf vier Millionen Dollar und entschließt sich, den Gewinn mit Yvonne zu teilen. Kino eben. Vielleicht denken Sie deshalb: »Zu Fremden freundlich zu sein ist ja eine nette Anregung, aber wieso sollte das mein Schicksal beeinflussen?« Dafür gibt es zwar keine Garantie, aber es ist jederzeit möglich, wie die folgende Geschichte zeigt.

Die Buchhändlerin Silke hätte nicht gedacht, dass Freundlichkeit eines Tages ihr Leben verändern würde. Von der Frankfurter Buchmesse fuhr sie mit dem Zug zurück nach Hamburg. Sie saß nur mit einer älteren Dame im Abteil. Die wirkte deprimiert und wischte sich immer wieder mit einem Taschentuch über die Augen. Silke überlegte kurz, sich hinter ihrer Zeitung zu verschanzen, doch dann sprach sie die Dame an: » Ist alles in Ordnung? Kann ich Ihnen helfen? Soll ich Ihnen vielleicht ein Glas Wasser aus dem Speisewagen holen?« Die Mitreisende bedankte sich und schien froh, mit jemandem sprechen zu können. Silke erfuhr, dass sie aus Süddeutschland kam und nach Sylt zu ihrer krebskranken Freundin fuhr, die nicht mehr lange zu leben hatte. Teilnahmsvoll hörte Silke zu. Offenbar fand sie auch die passenden tröstlichen Worte, denn bevor Silke ausstieg, sagte die Dame: »Es hat mir so gut getan, mit Ihnen zu sprechen. Bitte geben Sie mir doch Ihre Adresse, ich möchte Ihnen gerne ein kleines Dankeschön schicken.« Ein paar Tage später kam bei Silke eine Schachtel Pralinen an. In der Folge blieben die beiden Frauen miteinander in Kontakt.

Im Frühjahr besuchte Silke auf dem Weg in den Urlaub ihre Zugbekanntschaft im Süden und lernte dort deren Sohn Sebastian kennen – mit dem sie nun seit zwei Jahren verheiratet ist. »Wäre ich nicht über meinen Schatten gesprungen und freundlich gewesen, hätte ich mein Glück verpasst«, sagt Silke.

Jeden Tag eine gute Tat

Ich hoffe, Sie sind inzwischen überzeugt, dass man mit Freundlichkeit das Schicksal in allen Lebensbereichen beeinflussen kann. Dann geht es darum, diese Erkenntnis auch umzusetzen. Vielleicht zählen Sie zu den glücklichen Menschen, denen Freundlichkeit im Sinne der Big Five in die Wiege gelegt wurde, und brauchen nur Ihrem Naturell zu folgen. Doch die meisten von uns benötigen dazu ein bisschen Training. Wie im Sport muss der Freundlichkeitsmuskel täglich benutzt werden, damit er wächst und das Verhalten zur Routine wird. Erfahrungsgemäß braucht es circa 21 Tage, bis eine Handlung in Fleisch und Blut übergeht.

Wahrscheinlich sind Sie aus dem Alter heraus, in dem man begeistert mit einem Fähnlein-Führer durchs Unterholz robbt, doch das alte Pfadfinder-Motto »Jeden Tag eine gute Tat« kann Sie trotzdem weit bringen. Nehmen Sie sich vor, in den nächsten drei Wochen jeden Tag (mindestens) eine Freundlichkeit weiterzugeben, die sich nicht unmittelbar für Sie auszahlt. Zur Anregung finden Sie hier eine kleine Auswahl:

- Machen Sie ein Kompliment, und zwar möglichst persönlich und genau: »Das Blau Ihrer Bluse harmoniert so schön mit Ihren Augen.«
- Schneiden Sie einen Zeitungsartikel aus, der jemanden aus Ihrem Bekanntenkreis interessieren könnte, und schicken Sie ihm den.
- Verschenken Sie etwas von Ihrer Arbeit. Ganz konkret, wenn Sie materielle Dinge herstellen, oder in Form von Zeit und Leistung, indem Sie zum Beispiel einer Kollegin sagen: »Geh ruhig einen Kaffee trinken, ich übernehme dein Telefon.« Oder Ihren Nachbarn fragen: »Ich fahre ins Gartencenter. Kann ich Ihnen etwas mitbringen?«
- Bringen Sie der Arzthelferin in der Praxis, die Sie aufsuchen, eine

Süßigkeit mit. Bei dem üblichen Stress dort kann sie »Nervennahrung« gewiss gut gebrauchen.

- Kaufen Sie jemandem etwas ab, auch wenn Sie es nicht benötigen. Eine Obdachlosenzeitung, eine Rose vom Rosenverkäufer im Restaurant, ein Comic-Heft von dem kleinen Jungen auf dem Flohmarkt.
- Geben Sie ein Buch weiter, das Sie ausgelesen haben und nicht unbedingt behalten wollen. Falls Sie niemanden wissen, den es interessiert, setzen Sie es bei schönem Wetter auf einer Parkbank aus. Es wird Liebhaber finden.
- Falls Sie gut kochen oder backen: Bringen Sie eine Kostprobe mit. Zum Beispiel ein Stück Torte ins Büro oder ein Schüsselchen von Ihrem köstlichen indonesischen Reissalat.
- Wenn Sie beim Shoppen eine Kleinigkeit sehen, bei der Sie spontan an eine bestimmt Person denken, dann kaufen Sie es. Geben Sie eine gute Adresse weiter. Zum Beispiel von Ihrem Frisör, einem Künstler mit Scherenhänden oder von dem Reiseveranstalter, der ganz besondere Touren anbietet.

Einzahlung auf die Bank des Universums

Auch wenn nicht immer unmittelbar etwas zurückkommt, bin ich fest davon überzeugt, dass sich freundliches Verhalten auf die Dauer lohnt. Die positive Energie, die Sie auf diese Weise verbreiten, wirkt sich in jedem Fall aus. Sie selbst fühlen sich gut. Außerdem zieht Ihre Freundlichkeit Kreise wie ein ins Wasser geworfener Stein. Gewiss kennen Sie die oft zitierte Negativkette: Chef brüllt Mann an. Mann meckert mit Frau. Frau schimpft mit Kind. Kind tritt Hund.

Diesen Domino-Effekt gibt es auch im positiven Bereich. Mit Ihrer Freundlichkeit sind Sie der Ausgangspunkt, von dem aus die Welt um Sie herum ein bisschen lebenswerter wird. Nach dem Gesetz der Resonanz kommt das früher oder später auf vielfältige Weise zu Ihnen zurück.

Irgendwo habe ich gelesen, Freundlichkeit sei eine Einzahlung auf die Bank des Universums. Ein schönes Bild, zumal Schicksal und Universum doch offenbar recht nahe beieinander liegen. Stellen Sie sich vor: Jedes Mal, wenn Sie zu jemandem freundlich sind, schreibt Ihnen Ihr himmlischer Banker eine ideelle Summe gut. Wenn sich dann genug auf Ihrem Freundlichkeitskonto angesammelt hat, ist Zahltag.

Kairos – Der günstige Augenblick

Im 4. Jahrhundert vor Christus stand im Vorhof eines Tempels in der griechischen Stadt Sykion eine merkwürdige Statue. Wie bei einer Punkfrisur trug sie über der Stirn ein üppiges Haarbüschel und am Hinterkopf eine Glatze, an ihren Schuhen klebten kleine Flügel. Zwar ist die Statue heute verschollen, eine Erläuterung dazu ist uns aber von dem griechischen Dichter Poseidippos in einem Sinngedicht überliefert: Es handelt sich um Kairos, den Gott des günstigen Augenblicks. Er trägt vorne eine üppige Haarlocke, damit ihn diejenigen, denen er begegnet, daran festhalten können – die Redensart »die Gelegenheit beim Schopfe fassen« wird auf diese Darstellung des Gottes zurückgeführt. Seine kahle Kopfpartie sorgt dafür, dass ihn keiner mehr von hinten greifen kann, sobald er einmal vorübergeeilt ist. Die Flügel an den Füßen schließlich sind ein Zeichen dafür, dass er so plötzlich kommt wie der Wind und ebenso schnell wieder entschwindet.

Damit symbolisiert die Statue, was das altgriechische Wort Kairos bedeutet: das flüchtige Erscheinen eines günstigen Zeitpunktes. Ist er da, müssen wir beherzt zugreifen und handeln, sonst ist die Chance vertan. Das gilt bis heute, auch wenn wir nicht wie die Griechen der Antike dafür eigens einen Gott bemühen.

Kairos bedeutet zwar »günstiger Augenblick«, doch was die Zeitspanne betrifft, muss man das nicht ganz so wörtlich nehmen. Nicht immer handelt sich nur um einen kurzen Moment. Manchmal haben wir ein paar Stunden oder gar Tage, um Kairos beim Schopfe zu fassen. Aber mehr eben auch nicht. In diesem Zeitfenster müssen wir uns entscheiden, ob wir zugreifen wollen. Dabei schreibt man der Gelegenheit, die wir auch heute noch als Kairos bezeichnen, immer ein gewisses Gewicht zu. Wohl niemand käme auf die Idee, bei einem günstigen Last-Minute-Angebot im Reisebüro oder einem Schnäppchen im Ausverkauf von Kairos zu sprechen. Vielmehr handelt es sich um eine Spanne in unserem Leben, die eine schicksalhafte Veränderung verursachen kann, falls wir sie zu nutzen wissen.

Jeder Mensch hat seinen eigenen Kairos

Kairos ist immer persönlicher Natur. Was wir als einmalige Chance ansehen, hängt individuell von unseren Talenten, Fähigkeiten, Absichten, Wünschen und Neigungen ab. Wie Topf und Deckel gehören der Mensch und die plötzliche günstige Gelegenheit zusammen. Erst durch die Eigenheiten der Person erhält Kairos überhaupt seine Bedeutung.

Lisa wohnt mit ihren Eltern in einer süddeutschen Kleinstadt. Ihr Lieblingsfach in der Schule ist Kunst. Ihr Schlüsselerlebnis hat sie jedoch auf einer Klassenreise nach München in der Alten Pinakothek. Im Gegensatz zu ihren eher gelangweilten Mitschülern ist Lisa von den Gemälden fasziniert. Seitdem steht für sie fest: Sie wird Kunstgeschichte studieren und dann in einem Museum oder in einer Galerie arbeiten. Ihre Eltern sind damit gar nicht einverstanden. Sie wollen, dass ihre Tochter etwas »Solides« lernt. Lisa lässt sich überreden, studiert Geschichte und Englisch. Ab und zu schmuggelt sie sich in eine Kunstgeschichte-Vorlesung, doch viel Zeit bleibt ihr dafür nicht. Schließlich wird sie Lehrerin an einem Gymnasium. Sie unterrichtet gern und schätzt die Sicherheit als Beamtin, doch heimlich trauert sie ihren kunstgeschichtlichen Ambitionen nach. Nur sieht sie keine realistische Möglichkeit, die jemals beruflich umzusetzen. Zufällig hört sie eines

Tages im Lehrerzimmer, wie ein Kollege einem anderen erzählt, dass Lehrer sich neuerdings bei der Kulturbehörde als Mitarbeiter bewerben können und dafür von der Schule freigestellt werden. Lisa tut die halbe Nacht vor Aufregung kein Auge zu. Sie bewirbt sich auf die Stelle als Kulturreferentin – und wird genommen. Ihre Aufgabe ist es, die Arbeit der städtischen Museen zu unterstützen. Glücklich sagt sie: »Endlich kann ich tun, was ich mir immer gewünscht habe, mich professionell mit Kunst zu beschäftigen.«

Solche Erfahrungen zeigen, wie wichtig es ist, seinen persönlichen Kairos zu erkennen, denn nur dann können wir angemessen auf ihn reagieren. Um das Gebiet herauszufinden, auf dem Sie besonders aufmerksam sein sollten, fragen Sie sich: Was sind meine Träume? Welchen Herzenswunsch habe ich? Wo erwarte ich Erfolg? In welchem Bereich ersehne ich Glück? Dort liegt das Feld für Ihren persönlichen Kairos, und es gilt für Sie in besonderem Maße: Augen auf!

Nur für Kurzentschlossene

Zum Wesen eines günstigen Augenblicks gehört es, dass wir uns schnell entscheiden müssen. Solange sich Kairos deutlich als positive Chance präsentiert, ist es sicherlich einfach, einen Entschluss zu fassen.

Angenommen, Sie haben schon lange vergeblich nach einer größeren Wohnung gesucht. Was Sie bisher besichtigt haben, war entweder zu teuer, entsprach nicht Ihren Bedürfnissen oder befand sich im falschen Viertel. Und dann ergibt es sich, dass ein Bekannter überraschend ins Ausland geht und Ihnen seine Traumwohnung als Nachmieter anbietet. Bei der stimmt einfach alles, Größe, Ausstattung, Lage und Preis. Klar, dass Sie sofort zugreifen.

Nur: So eindeutig ist der positive Effekt von Kairos leider nicht immer. Manchmal können wir nur hoffen, dass uns das Zugreifen eine glückliche Veränderung bringen wird. In dem Fall fordert uns die Entscheidung eine Menge Mut ab.

Werner treten heute noch die Tränen in die Augen, wenn er sich daran erinnert, durch welches unerwartete Ereignis damals das Leben seines Sohnes gerettet wurde. Bei dem 15-jährigen Max war Morbus Hodgkin, ein bösartiger Tumor des Lymphsystems, entdeckt worden. Gerade hatte man Werner die niederschmetternde Diagnose und die geringen Heilungschancen mitgeteilt. Deprimiert ging er über den Krankenhausflur. Da kam ihm ein junger Arzt entgegen und sprach ihn an: »Sie sind der Vater von Max, nicht wahr? Ich möchte Ihnen einen Vorschlag machen. Unser Professor ist gerade aus den USA zurückgekommen. Dort hat man eine neue Therapie für diese Krebsart entwickelt. Der Professor will in unserem Haus dazu eine Studie durchführen. Er könnte Ihren Sohn in die Versuchsgruppe aufnehmen. Allerdings müssten Sie vorab sämtlichen Maßnahmen zustimmen.« Werner überlegte fieberhaft. Sollte er das Risiko eingehen und einen Blankoscheck auf die Gesundheit seines Sohnes ausstellen? »Ich bin einverstanden«, sagte er dann entschlossen. Die neue Therapie erwies sich als erfolgreich, Max wurde geheilt. »Was wäre gewesen, wenn dieser junge Arzt mich nicht auf dem Flur angesprochen hätte? Oder wenn ich den Vorschlag als zu unsicher abgelehnt hätte?« Werner möchte sich das nicht ausmalen.

Der Intuition trauen

Dass wir im Zweifel oft wenig Zeit haben, das Für und Wider zu erwägen, sollte uns trotzdem nicht zögern lassen. Wir sind nämlich klüger, als wir glauben. Wie Sie ja bereits wissen, haben wir in unserem Unterbewusstsein jede Menge Informationen über Menschen, Situationen und Dinge gespeichert, die wir blitzschnell abrufen können. Im positiven Fall spüren wir dann die innere Gewissheit: »Das ist jetzt gut für mich.« Der Wissenschaftsjournalist Malcolm Gladwell beschreibt diesen Vorgang in seinem Bestseller *Blink! Die Macht des Moments*: »Wenn wir eine spontane Entscheidung treffen oder eine Ahnung haben, dann geht unser Unbewusstes so vor: Es überblickt die Situation, in der wir uns befinden, sortiert alles Unwichtige aus und konzentriert sich absolut auf das Wesentliche. Unser Unbewusstes schneidet eine Situation in dünne Scheibchen, und darin hat es eine wahre Meisterschaft entwickelt, sodass diese Methode oft zu besseren Ergebnissen führt als langes Nachdenken und ausführliche Analysen.«[50]

Marlen und Sebastian können das bestätigen. Schon lange wünschten sie sich eine kleine Ferienwohnung. Nach dem hektischen Alltag in der Großstadt Hamburg sehnten sie sich am Wochenende nach Ruhe und Natur. Viel Geld konnten die beiden für ihren Traum nicht aufbringen. Trotzdem lasen sie regelmäßig hoffnungsvoll die Zeitungsanzeigen. An einem Samstagmorgen blätterte Marlen beim Frühstück durch die Wohnungsangebote. Plötzlich sagte sie aufgeregt: »Sebastian, ich glaube, hier ist etwas!« Annonciert wurde eine Ferienwohnung mit drei Zimmern in einem alten Bauernhaus, mitten in einem Naturschutzgebiet nahe der Elbe. Der Mietpreis lag in ihrem Budget. Sebastian rief sofort die angegebene Nummer an, doch der Vermieter vertröstete ihn: »Die Besichtigung ist leider erst am nächsten Wochenende möglich. In dem Haus ist niemand, und ich wohne selbst nicht im Ort.« Sebastian schaffte es, ihm wenigstens die Adresse zu entlocken. Marlen und Sebastian ließen ihr Frühstück stehen, setzten sich ins Auto und fuhren eineinhalb Stunden zu dem Bauerhaus. Die Lage war wunderschön, ein großer Garten grenzte direkt an einen Wald. Die Haustür war verschlossen. Durch die Fenster konnte man nur teilweise in zwei der drei Zimmer sehen. »Das nehmen wir«, sagte Marlen. Sebastian zog sein Handy aus der Tasche und wählte die Nummer des

Vermieters. »Entschuldigen Sie, dass wir Sie schon wieder stören. Aber wir stehen gerade vor Ihrem Haus an der Elbe. Die Wohnung ist genau das, was wir suchen. Wir möchten sie mieten.« »Aber Sie haben sie doch noch gar nicht besichtigt«, sagte der Vermieter verblüfft. »Nein, aber was wir sehen konnten, hat uns so gut gefallen, dass wir sicher sind, sie ist für uns richtig.« Der Vermieter war von der Entschlossenheit des Paares so beeindruckt, dass er ihnen nach einer kurzen Frage zu ihren finanziellen Verhältnissen den Mietvertrag zusandte. Seitdem verbringen die beiden entspannte Wochenenden im Grünen. Sie haben nie bereut, dass sie sofort zugegriffen haben. Marlen sagt: »Wir hatten ein gutes Gefühl, deshalb haben wir gleich Nägel mit Köpfen gemacht. Hätten wir auf die offizielle Besichtigung gewartet, wären wir unter vielen Konkurrenten gewesen und hätten die Wohnung wahrscheinlich nicht gekriegt.«

Neben intuitiver Erkenntnis sind auch Freude, Lust und Interesse zuverlässige Anzeiger dafür, dass wir zugreifen sollten. Etwa wenn es sich um eine Reise, die Liebe oder ein berufliches Angebot handelt. Kribbeln im Bauch, positive Aufgeregtheit oder spontane Begeisterung weisen uns darauf hin, dass hier eine Gelegenheit zu unserer Persönlichkeit passt. In Abwandlung eines Spruches von Bert Brecht gilt: »Dein Weg geht dahin, wo die Freude ist.«

Kairos aus Angst verpassen

Manche Menschen leiden allerdings so unter dem Druck, sich entscheiden zu müssen, dass sie nicht mehr in der Lage sind, ihre ursprüngliche Freude zu spüren. Der Gedanke an mögliche negative Folgen lähmt sie: Was ist, wenn ich bei der neuen Aufgabe versage? Wenn die große Liebe sich als Strohfeuer entpuppt? Wenn die Heilmethode nicht hält, was sie verspricht?

Ob Sie Gefahr laufen, Kairos aus mangelndem Mut zu verpassen, lässt sich mit einem kleinen Trick feststellen. Fragen Sie sich: Würde ich noch zögern, wenn mir jemand garantieren könnte, dass ich erfolgreich bin?

Taucht bei diesem Gedanken wieder Lust und Freude in Ihnen auf, dann bremst Sie vermutlich nur die Angst vor der Entscheidung. Die hat übrigens sogar einen Namen: Sinnigerweise lautet der psychologische Fachbegriff »Kairophobie«. Kairophobiker starren wie das Kaninchen auf die Schlange darauf, was alles schiefgehen könnte, sobald sie zugreifen.

Falls Sie zu dieser Gruppe zählen, geht es darum, Ihre Entschlusskraft zu stärken. Versuchen Sie es einmal auf diese Weise: Listen Sie sämtliche Vorteile auf, die Ihnen eine positive Entscheidung bringen würde. Zum Beispiel: Sie werden neue Leute kennen lernen, sich einen Lebenstraum erfüllen, interessante Herausforderungen bestehen oder die Liebe erleben. Erwarten Sie allerdings nicht, dass sich Ihre Angst damit vollständig auflöst. Ein kleiner Rest bleibt immer, weil schließlich niemand in die Zukunft schauen und Ihnen eine hundertprozentige Versicherung geben kann. Auch wenn Sie Angst verspüren, handeln Sie trotzdem.

Aber Achtung: Sich die Vorteile des Zugreifens gegen überflüssige Ängste vor Augen zu führen ist etwas anderes, als ein deutliches Unlustgefühl mit Vernunftgründen zu übertönen.

Vorsicht, falscher Kairos!

Mit Blick auf scheinbaren Gewinn reden wir uns gerne ein, es handele sich um einen echten Kairos, den wir keinesfalls ungenutzt lassen dürfen. Wir bringen unsere innere Stimme mit rationalen Argumenten zum Schweigen, obwohl sie ziemlich deutlich sagt: Lass die Finger davon.

Stefan, freiberuflicher Computerspezialist, bekam das Angebot, an einem Projekt mitzuarbeiten. Ein paar junge Unternehmer hatten die Idee, eine neue Art von Partnerschaftsbörse im Internet aufzuziehen. Der Clou daran war, dass man den Singles zum Kennenlernen exklusive Events an ihrem Wohnort anbieten wollte. Sie sollten sich beim Golfen oder bei Kochkursen mit Spitzenköchen näherkommen. Die Initiatoren fragten Stefan, ob er dafür die Software entwickeln würde. Ein Honorar gäbe es zwar nicht, dafür würde er später am Gewinn beteiligt. Stefan war zunächst wenig begeistert. »Das ist nicht mein Ding«, sagte er zu seiner Frau. Die sah das ganz anders. »Stefan, das ist doch eine Riesenchance. Singlebörsen sind das Geschäft der Zukunft, und jetzt hast du die Gelegenheit, da einzusteigen. Die kommt vielleicht nicht mehr wieder. Überleg mal, wenn das erst einmal läuft, dann ist das eine dauerhafte Einnahmequelle, für die du nichts mehr tun musst.« Stefan ließ sich von ihr überzeugen. Er traf sich mit den Unternehmern und unterzeichnete einen Vertrag, der ihn zur Mitarbeit verpflichtete. Im Verlauf erwies sich das Projekt als äußerst schwierig, zumal die Initiatoren aus einer anderen Branche kamen und von der Materie keine Ahnung hatten. Die meiste Arbeit blieb an Stefan hängen. Das Projekt fraß große Teile seiner Arbeitszeit und blockierte ihn für neue Aufträge. Der Schock kam, als das Team feststellen musste, dass es diese Art von Partnerschaftsbörse längst im Internet gab.

Die Angst, etwas zu verpassen, kann uns auch im Privatleben vorgaukeln, es handle sich um einen Kairos und wir müssten unbedingt zugreifen. Doch meist entpuppt sich die scheinbar einmalige Gelegenheit am Ende als Enttäuschung und Selbstbetrug.

Sylvia, Ärztin im Praktikum, hatte keine einfache Kindheit. Ihre Stiefmutter ließ sie spüren, dass sie unerwünscht war. Der Vater ging völlig in seiner Arbeit auf und kümmerte sich kaum um seine Tochter.

Sylvias Selbstbewusstsein war nicht besonders ausgeprägt. Obwohl sie eine hübsche junge Frau war, hielt sie sich für unattraktiv. Im Krankenhaus lernte sie einen 20 Jahre älteren Patienten kennen, der dort mit einem komplizierten Beinbruch lag. Enno umwarb sie. Als Besitzer eines gut gehenden Restaurants konnte er ihr einiges bieten und verwöhnte sie. Schließlich machte er ihr einen Heiratsantrag. Sylvia redete sich ein, das sei ihre Chance. Einen Mann, der sie so liebte wie Enno, würde sie bestimmt nie wieder finden. Inzwischen ist sie geschieden. Rückblickend sagt sie: »Ich habe mir eingeredet, das wäre ein Glücksfall, die Liebe würde schon noch kommen. Jetzt weiß ich, ich hätte auf mein Gefühl hören sollen. In mir war keine Zuneigung für Enno, höchstens Dankbarkeit für seine Fürsorge. Das reichte auf die Dauer nicht.«

Setzen Sie sich nicht darüber hinweg, wenn Sie bei dem Gedanken an eine günstige Gelegenheit keine Freude empfinden und lediglich vernünftige Argumente dafür sprechen. Ihr Unterbewusstsein hat das Angebot längst mit Ihrer Persönlichkeit abgeglichen und Ihnen über Ihr Unlustgefühl das Ergebnis präsentiert. Das sollten Sie keinesfalls ignorieren. Sicher können wir uns nicht immer aussuchen, was wir tun wollen, doch zumindest auf Kairos bezogen hat der amerikanische Unternehmensberater Jack Canfield Recht, der klipp und klar sagt: »Wenn du keinen Spaß daran hast, dann lass es.«

Beste Voraussetzungen

Vielleicht wenden Sie nun ein: »Mir ist schon klar, auf welchem Gebiet Kairos für mich eine Rolle spielen könnte. Ich traue mir auch zu, ihn zu erkennen und dann beim Schopf zu greifen. Mein Problem ist nur: Bis jetzt ist er noch nicht aufgetaucht.« Leider lassen sich Götter von uns Sterblichen nichts befehlen. Aber wir haben zumindest Möglichkeiten, günstige Bedingungen für einen Kairos auf einem bestimmten Gebiet zu schaffen:

- Sie können sich vorbereiten.
- Sie können einen passenden Ort aufsuchen.

Wir können uns auf Kairos vorbereiten

Wenn engagierte Menschen unerwartet eine Chance bekommen, ist sie häufig der Lohn für ihre disziplinierte Vorbereitung. Der Erfinder Thomas Alva Edison hat es auf den Punkt gebracht: »Erfolg hat nur, wer etwas tut, während er auf den Erfolg wartet.« Wie auch schon das Sprichwort sagt: »Das Glück ist mit dem Tüchtigen.« Glück in diesem Sinne ist oft mit Kairos identisch.

Mia ist Fitnesstrainerin. Neben ihren Kursen in einem Fitness-Center bildet sie sich regelmäßig weiter. Ihren letzten Urlaub verbrachte sie in den USA, um sich über die neuesten Trends zu informieren. Sie hat sogar eigene Methoden entwickelt, die sie gerne einem breiteren Publikum zugänglich machen würde. Leider zeigten die Zeitschriftenredaktionen, denen sie das vorschlug, kein Interesse. Seitdem lagen ihre Ideen ungenutzt in der Schublade. Nebenbei arbeitet Mia auch noch als Personal Trainerin. Kürzlich wurde sie von einer Kollegin an den Chefredakteur eines Männermagazins vermittelt, dem der Arzt zu mehr Bewegung geraten hatte. Von Mias Training war er so begeistert, dass er ihr anbot, regelmäßig Fitness-Programme für sein Blatt zu schreiben. Mia griff mit Freuden zu, zumal sie ja die Vorarbeit dazu bereits erledigt hatte. Die neue Tätigkeit bringt ihr nicht nur mehr Geld und macht sie bekannt, sondern erfüllt auch ihren Wunsch, ihre Kenntnisse zu verbreiten.

Wie und worauf Sie sich vorbereiten, hängt natürlich von Ihrem Ziel ab. Vielleicht unterzeichnen Sie heute schon einen Bausparvertrag, damit Sie Ihr Traumhaus finanzieren können, wenn Sie es finden. Sie achten auf Ihr Äußeres, um so vielleicht die große Liebe anzuziehen. Oder Sie melden sich für einen Fernstudium an, um Ihre Karrierechancen zu erhöhen. Eine passionierte Reiterin drückte es einmal so aus: »Man sollte immer einen Sattel bei sich tragen, es könnte ein Pferd vorbeikommen.«

Wir können Kairos entgegengehen

Erfolgreiche Leute sprechen oft bescheiden davon, sie seien halt zur richtigen Zeit am richtigen Ort gewesen. Das klingt eher zufällig. Was dabei gerne unterschlagen wird, ist die Tatsache, dass viele von ihnen den richtigen Ort bewusst aufgesucht haben und damit dem richtigen Zeitpunkt ein gutes Stück entgegengekommen sind.

Wie zum Beispiel der Sänger Paul Potts. Trotz aller Bemühungen war es ihm jahrelang nicht gelungen, seine Leidenschaft für Opernarien professionell auszuleben – bis sich ihm die Möglichkeit, Kairos zu begegnen, in Form eines Talentwettbewerbs im englischen Fernsehen auftat. Potts sah dort eine Chance, endlich auf seine Qualität als Tenor aufmerksam zu machen. Er meldete sich an, trat auf und trieb mit der Arie »Nessun dorma« aus Puccinis Oper Turandot der Jury und dem Publikum die Tränen in die Augen. Am nächsten Tag war er über die Landesgrenzen hinaus berühmt. Seitdem kann er seinen Lebensunterhalt als Sänger bestreiten.

Wir haben zwar keine Garantie, dass Kairos auch dort erscheint, wo wir ihn vermuten, aber es lohnt sich immer, im passenden Milieu nach ihm zu suchen. Beantworten Sie sich dazu einfach die Frage: Wo halten sich Personen auf, die sich mit dem gleichen Gebiet beschäftigen, auf dem ich mir Kairos wünsche? Sie finden sie etwa bei einem Ehrenamt, auf Kongressen, bei einem Tag der offenen Tür, auf einer Abenteuerreise, einer Messe, in der Kirche, auf einer Kreuzfahrt, im Internet, auf Festivals, Singlepartys, einem Stammtisch, bei Talentwettbewerben oder Praktika. Wenn Sie sich dort hinbegeben und zeigen, was Sie zu bieten haben, dann locken Sie möglicherweise Kairos an.

Kairos wechselt das Gebiet

Manchmal versteckt sich Kairos dort, wo wir ihn überhaupt nicht vermuten. Während wir uns auf ein Ziel konzentrieren, tut sich eine verblüffende Chance auf, mit der wir niemals gerechnet haben. Es ist so, als würden wir nach Gold graben und dabei überraschend auf eine Ölquelle stoßen. Dann müssen wir bereit sein, unsere ursprünglichen Vorstellungen loszulassen und die anders geartete günstige Gelegenheit zu ergreifen. Häufig passiert das auf beruflichem Gebiet.

Corinna, 43, alleinerziehend, hatte bis zur Geburt ihrer Zwillinge als Architektin gearbeitet. Inzwischen sind die Kinder groß genug, sodass Corinna vor einem Jahr beschloss, wieder in ihren Beruf einzusteigen. Allerdings gab es dabei ein Problem: Corinna war nicht mit den wichtigen aktuellen Computerprogrammen vertraut. Sie bewarb sich deshalb bei der Agentur für Arbeit um eine Fortbildung. Der Sachbearbeiter machte ihr wenig Hoffnung, dass sie in ihrem Alter und als Alleinerziehende eine Anstellung finden würde, bewilligte aber immerhin einen Computerkurs. Und dabei zeigte sich der versteckte Kairos. Es stellte sich nämlich heraus, dass Corinna ein wahres PC-Talent war. Sie begriff komplizierte Programme sofort und erklärte sie in den Pausen geduldig ihren Kommilitonen. Das fiel dem Kursleiter auf, und er fragte Corinna, ob sie nicht bei ihm Kurse geben wollte. Spontan sagte sie zu. Ihr Unterricht lief hervorragend, und es machte ihr großen Spaß, sich immer mehr in die Materie einzuarbeiten. Nach ein paar Monaten beschloss sie, sich mit Computerkursen selbstständig zu machen. Seitdem baut sie erfolgreich ihre eigene Beraterfirma auf. Übrigens konnte sie es sich nicht verkneifen, noch einmal bei dem Sachbearbeiter vorzusprechen. Um sich zu bedanken – und um ihm lächelnd unter die Nase zu reiben, dass auch eine alleinerziehende 43-jährige durchaus in der Lage ist, eine Chance zu ergreifen, wenn sie sich bietet.

Außer unserem Interesse haben wir noch ein weiteres inneres Navigationssystem, das uns hilft, auf einen verborgenen Kairos zuzusteuern: den spontanen Einfall. Wenn Ihnen plötzlich durch den Kopf schießt: »Ich könnte doch …« oder »Warum eigentlich nicht …?«, dann sollten Sie das nicht gleich als Spinnerei abtun. Möglicherweise ist es der Hinweis darauf, dass sich Kairos auf einem unerwarteten Gebiet zeigen will.

Der Zeitfaktor

Trotz Vorbereitung und Aufmerksamkeit lässt sich Kairos auf dem von uns gewünschten Gebiet manchmal sehr lange Zeit. Wir suchen die passenden Orte auf, arbeiten intensiv, sammeln wichtige Informationen, knüpfen Netzwerke, bilden uns fort – aber die günstige Gelegenheit, bei der wir unsere Fähigkeiten beweisen oder endlich auf unseren Traum zugreifen können, will sich einfach nicht einstellen.

Je länger wir auf Kairos warten müssen, desto mehr besteht die Gefahr, dass wir resignieren. Enttäuscht richten wir uns im Status quo ein. Es ist schwierig, auf die Dauer an sich selbst zu glauben und daran, dass die glückliche Gelegenheit schon noch kommen wird, wenn man schon ewig darauf wartet.

Besonders deutlich zeigt sich das im Leben von Künstlern. Ob sie einen Bestseller schreiben, ihr Film beim Publikum ankommt, ihre Bilder bei Sammlern begehrt sind oder ihre Songs die Charts erreichen, ist nicht allein eine Frage der Qualität. Gerade Kreative sind auf Kairos angewiesen, darauf, dass das Fernsehen sie entdeckt, dass sie einen Mäzen oder den richtigen Verlag finden, dass eine große Zeitung ihr Werk bespricht oder sie durch Mundpropaganda einer breiten Masse bekannt werden. Deshalb trifft sie die Verzögerung von Kairos oft noch mehr als andere und stürzt sie in Selbstzweifel.

Die Schauspielerin Amy Adams ist dafür ein gutes Beispiel. Amy Adams hat zwei Oscar-Nominierungen, spielt Hauptrollen in Blockbustern und ist derzeit ganz oben auf der Bestverdiener-Liste in Hollywood. Freimütig erzählt sie in einem Interview, wie schwer es für sie war, auf dem Weg dahin nicht zu verzweifeln.[51] Sie ist nämlich keineswegs ein Shootingstar, sondern bereits ihr halbes Leben lang im Filmgeschäft. Obwohl sie schon damals alles hatte, was zum Erfolg nötig war, Talent, Ehrgeiz, eine sympathische Erscheinung, musste sie sich mühsam durchkämpfen. Sie nahm jedes Angebot an, spielte kleine Rollen in billigen Serien, sprach regelmäßig bei Casting-Agenturen vor, jobbte in Schnellimbissen, um die Miete zu bezahlen. Immer mit dem Glauben daran, dass ihre Chance eines Tages kommen müsste. Aber die kam nicht. Kairos boykottierte sie beharrlich.

Amy Adams hatte zwar eine unerschütterlich positive Einstellung, aber selbst Optimisten können erkennen, wann es genug ist. Schließlich war sie inzwischen schon 30 und hatte damit das Verfallsdatum für die meisten Schauspielerinnen in Hollywood erreicht. Sie war nicht mehr bereit, sich erfolglos abzustrampeln. Eine letzte Rolle wollte sie noch spielen, in einem kleinen Independent-Film. Danach, so beschloss sie, würde endgültig Schluss mit der Filmerei sein. Es gab auch noch ein Leben ohne Kamera.

Wohl an dem Punkt muss sich Kairos gesagt haben: »Bevor diese talentierte junge Frau jetzt alles hinwirft, will ich doch lieber noch schnell erscheinen.« Jedenfalls wurde der Film auf dem Sundance Film Festival zum erklärten Publikumsliebling. Die Kritiker schwärmten einmütig von Amys hinreißender Darstellung. Das war ihr Durchbruch.

Amys Geschichte ist ermutigend für alle diejenigen, die schon lange auf Kairos warten. Erfahrungen wie ihre helfen uns, auf unserem eigenen Gebiet durchzuhalten. Ganz nebenbei weist sie auch noch auf einen paradoxen Effekt hin: Manchmal bekommen wir das, was wir uns ersehnen, wenn wir aufhören, danach zu streben. Kairos scheint es zu mögen, wenn wir nicht verkrampft nach ihm Ausschau halten.

Loslassen hilft

Nina, 44, hatte als Einkäuferin für Kindermode gut zu tun, und ihr Privatleben war mit einem netten Freundeskreis ausgeglichen. Was zu ihrem Glück fehlte, war ein liebevoller Partner. Sie sehnte sich danach, zärtlich in die Arme genommen zu werden und nicht jedes Alltagsproblem alleine lösen zu müssen. Um einen Partner zu finden, hatte Nina schon vieles versucht. Sie ging regelmäßig aus, antwortete auf Anzeigen, war Mitglied in einer Online-Partnerschaftsvermittlung. Zwischendurch glaubte sie auch mal, den Richtigen gefunden zu haben, aber es blieb bei einer Affäre. Schließlich hatte Nina die Nase voll. »Mir reicht es«, verkündete sie, »ich habe keine Lust mehr, mir ein Bein auszureißen, um einen Mann zu finden. Offenbar soll es nicht sein. Okay, dann richte ich mich jetzt eben als glücklicher Single ein.« Kein Ausgehen in einschlägige Lokale mehr, keine Mails mit Bewerbern aus der Partnerschaftsvermittlung, bequeme Kleidung statt sexy Outfits, kein Gedanke mehr an Liebe. Dann begegnete sie bei einem Betriebsausflug Jörg. Statt wie früher gleich heimlich zu prüfen: »Wäre der etwas für mich?«, unterhielt sie sich ganz locker mit ihm. Auch bei den nächsten Treffen, die er anregte, blieb sie entspannt.

Warum sollten sie mit ihm nicht mal essen gehen oder sich eine Ausstellung ansehen? Schließlich wollte sie ja nichts von ihm. Seit einem Jahr sind Nina und Jörg verheiratet.

So bestärkend solche Beispiele für ein Happy End auch sind, müssen wir doch der Tatsache ins Auge sehen: Weder Anstrengung noch bewusstes Loslassen geben eine Garantie dafür. Amy Adams hat Glück gehabt, dass ihr dauerhafter Einsatz überraschend belohnt wurde. Es wäre durchaus möglich gewesen, dass der Independent-Film keinen Anklang gefunden hätte – dann säße sie heute vielleicht als Sachbearbeiterin in einem Büro. Und wenn Nina nicht Jörg begegnet wäre, würde sie sich wohl weiterhin so gut wie möglich in ihrem Singledasein einrichten. Wer allzu lange auf eine entscheidende Chance für seinen Herzenswunsch warten muss, fürchtet verständlicherweise, sie käme nie mehr.

Und wenn Kairos gar nicht kommt?

Ob Kairos Sie auf dem Gebiet, auf dem Sie ihn ersehnen, tatsächlich ignoriert, werden Sie definitiv erst am Ende Ihres Lebens sagen können. Vorher lässt sich das für Sie nicht endgültig beurteilen. Wie heißt es so treffend im Fußball: Das Spiel ist erst zu Ende, wenn es zu Ende ist. Egal in welchem Alter: Es besteht immer die Möglichkeit, der großen Liebe zu begegnen, wohlhabend zu werden, eine erfolgversprechende Heilmethode zu finden, mit Ihrer Tätigkeit an die Spitze zu kommen. Es hängt von Ihnen ab, ob Sie weiterhin auf das Erscheinen von Kairos vertrauen wollen oder nicht. Immerhin ermutigt ein lateinisches Sprichwort, in diesem Punkt beharrlich zu bleiben: »Dum spiro, spero« – »Solange ich atme, hoffe ich«. Das gelingt nicht jedem. Die Grenze, wann Sie die Hoffnung auf Kairos in Bezug auf Ihr Wunschgebiet aufgeben, liegt alleine bei Ihnen.

Falls Sie das Warten leid sind: Entwickeln Sie keine Verbitterung. Ich weiß, das sagt sich leicht. Besonders weh tut es, wenn man sieht, wie andere scheinbar von Kairos verwöhnt und gehätschelt werden und die Chance erhalten, um die wir uns vergeblich bemüht haben. Tatsächlich aber schauen wir selten hinter die Kulissen und wissen deshalb auch nicht, warum die Dinge für unsere Mitmenschen manchmal günstiger verlaufen als für uns. Es kann durchaus sein, dass sie Eigenschaften besitzen, die ihnen helfen, Kairos auf einem bestimmten Gebiet anzulocken. Oder sie waren besonders aufmerksam und haben ohne Zögern zugegriffen.

Verletzen Sie sich nicht selbst, indem Sie neidisch auf andere schauen – sorgen Sie lieber für Ihren inneren Frieden. Betrachten Sie mit Wertschätzung, was Sie auch ohne Kairos auf dem Gebiet, das Ihnen wichtig ist, erreicht haben. Sie werden erkennen, dass es gar nicht so wenig ist. Vielleicht sind Sie keine berühmte Sängerin geworden, aber im Chor die Solopartien zu singen macht Ihnen große Freude. Man hat Sie nicht zum Leiter des Studienseminars ernannt, aber Sie sind ein beliebter Lehrer. Sie sind immer noch Single, haben jedoch einen wunderbaren Freundeskreis. Mit dem Kinderkriegen hat es nicht geklappt, dafür kümmern Sie sich liebevoll um Ihre Nichten und Neffen. Für Ihre Krankheit gibt es keine Heilung, aber durchaus Besserung, und Sie haben gelernt, damit zu leben. Dankbarkeit für das, was Sie bereits erreicht haben, kann die Bitterkeit auflösen.

Es gibt kein Leben ohne Kairos

Es mag zwar sein, dass Kairos bis jetzt um Ihr bevorzugtes Gebiet einen großen Bogen geflogen ist und Sie auch nicht mehr erwarten, dass er dort noch auftaucht. Es wäre jedoch ungerecht zu glauben, er hätte Sie generell vernachlässigt. Sobald Sie den Tunnelblick auf den von Ihnen bevorzugten Bereich aufgeben, werden Sie sehen, dass Kairos Sie auf anderen Gebieten durchaus aufgesucht hat. Sie möchten dafür einen Beweis? Dann beantworten Sie doch bitte bei den folgenden Fragen diejenigen ausführlich, die für Ihre Situation zutreffen:

- Wie haben Sie Ihren Partner kennen gelernt?
- Wie haben Sie Ihren jetzigen Job bekommen?
- Wie haben Sie Ihre beste Freundin oder Ihren besten Freund kennen gelernt?
- Wie kam es zu Ihrer Berufswahl?
- Wie haben Sie Ihre Wohnung gefunden?
- Wie sind Sie zu Ihrem Wohlstand gekommen?
- Wie kamen Sie an den guten Lehrer, die hilfreiche Psychotherapeutin, den kompetenten Mediziner, die zuverlässige Tagesmutter?

Bestimmt können Sie zu der einen oder anderen Frage eine erstaunliche Geschichte erzählen. Und Sie werden zugeben: Die wäre niemals ohne Kairos möglich gewesen. Das Schicksal bietet uns auf vielfältigen Gebieten immer wieder günstige Gelegenheiten. Sie sollten Ihre Aufmerksamkeit dafür schärfen, denn das ist Ihre Chance. Je genauer Sie sich selbst kennen, je besser Sie sich innerlich und äußerlich vorbereiten, desto sicherer können Sie Kairos beim Schopfe packen.

Zum Schluss: Farbe bekennen

Eigentlich müssten nun zum Abschluss große Worte fallen, die einem so gewaltigen Thema wie dem Schicksal würdig sind: Dass Sie Vertrauen in Ihr Schicksal haben sollten oder dass Sie es mutig selbst in die Hand nehmen müssen. Das hatte ich eigentlich auch vor, eine Motivation zu guter Letzt, feierlich mit Pauken und Trompeten. Doch dann kamen mir Bedenken. Ihr Fazit nach der Lektüre dieses Buches kann nur ein ganz persönliches sein. Und was immer ich Ihnen zu sagen hätte, wäre verdeckt doch nur mein eigenes Bekenntnis. Also habe ich mich dafür entschieden, den Schluss lieber gleich offen persönlich zu gestalten. Wir alle müssen mit unserem Schicksal umgehen, und vielleicht interessiert es Sie, wie ich das unabhängig von den im Buch aufgeführten Fakten sehe. Und weil es leider nicht möglich ist, dass wir uns hier direkt austauschen, habe ich mir überlegt, welche Fragen Sie mir wohl stellen könnten.

Wie sind Sie denn ausgerechnet auf das Thema Schicksal gekommen? Keiner weiß wirklich, was das Schicksal ist – aber jeder von uns hat eines. Da ist es äußerst spannend, mehr darüber herauszufinden. Diese Herausforderung hat mich gereizt. Offenbar bin ich auf existenzielle Themen wie Einsamkeit, Glück oder Herzenswünsche abonniert. Allerdings ist das für mich als Psychologin kein philosophischer Selbstzweck, sondern hat ein praktisches Ziel. Ich wollte wissen: Welchen Einfluss können wir konkret auf unser Schicksal nehmen? Dazu habe ich tatsächlich eine Menge entdeckt.

Haben diese Erkenntnisse auch Auswirkungen auf Sie selbst? Generell habe ich wieder großen Respekt vor der Macht des Schicksals bekommen. Sie können gleich auf die Straße gehen und werden von einem Auto überfahren. Dabei hatten Sie im Leben noch so viel vor. Oder Sie schreiben einfach mal so für Ihre Freunde und Familie Ihre Lebenserfahrung auf. Zufällig gelangt Ihr Manuskript übers Internet an die Öffentlichkeit und wird ein Megabestseller. Zu glauben, wir hätten diese gewaltige Macht, die unser Leben von heute auf morgen komplett verwandeln kann, völlig in der Hand, ist naiv und ignorant. In diesem Punkt ist Demut angesagt.

Gleichzeitig habe ich erkannt, dass wir durchaus selbstbewusst sein dürfen. Gerade die intensive Beschäftigung mit unseren Möglichkeiten hat mir deutlich gemacht: Wir haben wesentlich mehr Einfluss, als wir für gewöhnlich glauben. Den sollten wir unbedingt voll nutzen, gegen alle Risikoscheu und Bequemlichkeit.

Vor allem aber liegt gänzlich in unserer Hand, wie wir dem Schicksal begegnen. Indem wir unsere Würde und unsere Werte bewahren, egal, was immer auch passiert, beißt sich auch das schlimmste Schicksal an uns die Zähne aus. Was im Äußeren geschieht, hat dann keinen Einfluss, so sehr es auch tobt. Dafür stehen Zeugen wie Mahatma Gandhi, Janusz Korczak oder die Geschwister Scholl. Es ist allein eine Frage unserer inneren Einstellung. Eine solche Haltung zu erlangen wäre ein großes Ziel. Allerdings erfordert das sehr viel Mut und Entschlossenheit.

Und im Detail, was haben Sie da mitgenommen? Man sagt ja: Wer lehrt, lernt. Indem ich die Fakten gesichtet habe, ist mir manches wieder bewusst geworden, das ich seitdem auch konsequent umsetze. So schaue ich mir zum Beispiel auf Reisen im Hotel die Fluchtwege an, das habe ich früher total verdrängt. Oder ich fühle mich endlich auch sachlich darin bestätigt, dass es keineswegs den Erfolg schmälert, freundlich und fair zu sein. Daran kann man in unserer Konkurrenz-

Welt schon manchmal zweifeln. Beeindruckt haben mich außerdem vor allem die Eigenschaften für Glückspilze. Seit ich diese Eigenschaften kenne, bin ich bewusst offener für spontane Kontakte.

Ach, es würde einfach zu weit führen, wollte ich hier alles aufzählen, was mir klar geworden ist. Tatsächlich habe ich aus der Beschäftigung mit jedem einzelnen Themenbereich persönlichen Gewinn gezogen und hoffe, dass es Ihnen ebenso geht.

Sie sagen: Welche Macht wir hinter dem Schicksal sehen, ist eine Frage der Weltanschauung und damit Glaubenssache. Was glauben Sie denn selbst? Mir ist wichtig, beim Schreiben neutral zu bleiben. Sobald man seine Objektivität verliert, wird man missionarisch. Dieses Buch soll schließlich für jeden nützlich sein, nicht nur für diejenigen, die dasselbe glauben wie ich.

Aber natürlich habe ich einen persönlichen Standpunkt, der sich aus meiner Lebenserfahrung ergibt und zu mir passt. Ich habe im Laufe der Jahre viele Wege intensiv ausprobiert. Einflussreich waren dabei Platons Philosophie, C.G. Jungs Tiefenpsychologie, Zen-Buddhismus und Sufismus. Schließlich bin ich wieder – kein Wunder als Pastorentochter – bei meinen christlichen Wurzeln angekommen. Allerdings jenseits von Institutionen, die mehr mit Macht und Moral als mit Mystik zu tun haben. Mir geht es um die Kernbotschaft von Liebe, Wertschätzung, Vertrauen und Freiheit. Und ich akzeptiere jeden anderen Weg als gleichberechtigt, auch wenn ich mit manchen Anschauungen nicht übereinstimme.

Gibt es noch etwas, was Sie bezogen auf das Schicksal weitergeben möchten? Also gut. Sie wollen es offenbar doch hören. Hier ist meine flammende Aufforderung: Sehen Sie sich nicht als Opfer des Schicksals, nach dem Motto: Ich kann wenig ausrichten, es kommt ja doch alles, wie es soll. Das macht passiv und bewirkt, dass Sie Ihre Möglichkeiten nicht ausschöpfen. Schade um Ihr großartiges einmaliges Potenzial, schade für das Glück und den Erfolg, die Sie haben könnten. Weil sich das Schicksal durchaus beeinflussen lässt.

Seien Sie aber bitte nicht so blauäugig, sich für Superman oder Superwoman zu halten, nur weil das Schicksal Ihnen gerade eine ruhige oder erfolgreiche Phase gönnt. The bigger they come, the harder they fall. Wenn das Schicksal Ihnen dann irgendwann zeigt, was es kann, werden Sie in ein tiefes Loch fallen, denn esoterischer Schnickschnack hilft Ihnen im Ernstfall nicht weiter.

Ich empfehle Ihnen stattdessen eine Sichtweise, die Ihnen hilft, sich den Gegebenheiten flexibel anzupassen. Sie erlaubt, gute Phasen glücklich zu genießen und in schweren Zeiten voller Energie zu bleiben:

Nehmen Sie Ihr Schicksal als Abenteuer. Betrachten Sie sich in der geistigen Nachfolge von Amundsen auf dem Weg zum Südpol oder David Livingston, während er noch nicht weiß, dass er demnächst die großartigen Victoria-Wasserfälle entdecken wird. Fühlen Sie sich mental verwandt mit Astronauten der ersten Stunde wie Walentina Tereschkowa und Alan Shepard, die ins Ungewisse des Weltalls aufbrechen und zwischen tödlichem Risiko und grandiosem Erlebnis pendeln.

Sie finden diese Vergleiche übertrieben? Das sind sie absolut nicht. Ihr Schicksal ist, was die Zukunft betrifft, ebenso Terra incognita wie seinerzeit der afrikanische Kontinent oder der Mond. Und um die größte Chance für ein gelungenes Leben zu haben, brauchen Sie genau die Eigenschaften eines Abenteurers: Mut, Geduld, Beharrlichkeit, den Glauben an sich selbst und an ihr Ziel.

Allerdings sind die großer Entdecker und Entdeckerinnen niemals einfach ins Blaue losgezogen, mit der naiven Hoffnung, es würde schon alles gutgehen und sie kämen per Zufall richtig an. Sie nutzten das bestmögliche Wissen, um den Weg zu finden. Und das, liebe Abenteurerin und lieber Abenteurer des Schicksals, halten Sie für Ihre Zwecke mit diesem Buch in der Hand. Nun bleibt mir nur noch, Ihnen viel Glück zu wünschen!

Literaturempfehlungen

Falls Sie eine spezielle Thematik vertiefen möchten, empfehle ich Ihnen die folgenden Bücher ganz besonders.

Das Kaleidoskop des Schicksals

Fischer, Klaus P.: *Schicksal in Theologie und Philosophie*. Darmstadt 2008

Schenk, Herrad: *Glück und Schicksal. Wie planbar ist unser Leben?* München 2004

Die Magie des Schicksals

Cederquist, Jan: *Die Magie des Zufalls. Wie Synchronizität unser Leben bestimmt*. München 2010

Mlodinow, Leonard: *Wenn Gott würfelt. Oder wie der Zufall unser Leben bestimmt*. Reinbek 2009

Die Gesetze des Schicksals

Pollack, Kay: *Für die Freude entscheiden*. München 2008

Alles nur vererbt?

Fischer, Ernst Peter: *Geschichte des Gens*. Frankfurt a. M. 2003

Lipton, Bruce: *Intelligente Zellen. Wie Erfahrungen unsere Gene steuern*. Burgrain 2006

Ihre Talente

Colvin, Geoff: *Talent wird überschätzt. Welche Erfolgsfaktoren wirklich zählen*. München 2008

Hillman, James: *Charakter und Bestimmung*. München 1998

Siefer, Werner: *Das Genie in mir. Warum Talent erlernbar ist*. Frankfurt a.M. 2009

Schicksalsschläge

Albom, Mitch: *Dienstags bei Morrie. Die Lehre eines Lebens*. München 1998

Frankl, Viktor: *... trotzdem Ja zum Leben sagen. Ein Psychologe erlebt das Konzentrationslager*. München 1977

Grundl, Boris: *Steh auf! Bekenntnisse eines Optimisten*. Berlin 2008

Wertheim, Hella: *Immer alles geduldig getragen. Als Mädchen in Theresienstadt, Auschwitz und Lensing*. Bielefeld 2004

Gefahren

De Becker, Gavin: *Mut zur Angst. Wie Intuition uns vor Gewalt schützt*. Frankfurt a.M. 1999

Sherwood, Ben: *Wer überlebt? Warum manche Menschen Grenzsituationen überleben, andere nicht*. München 2009

Ripley, Amanda: *Survive. Katastrophen – wer sie überlebt und warum*. Frankfurt a.M. 2009

Das Geheimnis der selbsterfüllenden Prophezeiungen

Goleman, Daniel: *Soziale Intelligenz*. München 2006

Ludwig, Peter H.: *Sich selbst erfüllende Prophezeiungen im Alltagsleben*. Stuttgart 1991

Die Eigenschaften der Glückspilze

Wiseman, Richard: *So machen Sie Ihr Glück. Wie Sie mit einfachen Strategien zum Glückspilz werden*. München 2004

Das Schicksal und die Freundlichkeit

Kaplan Thaler, Linda und Koval, Robin: *The Power of Nice. Wie Sie die Welt mit Freundlichkeit erobern können*. München 2008

Kohn, Alfie: *Mit vereinten Kräften. Warum Kooperation der Konkurrenz überlegen ist*. Weinheim 1989

Anmerkungen

1 Hella Wertheim: *Immer alles geduldig getragen.* Bielefeld 2004, S. 49.

2 Uwe Schmitt: »Verirrte Kugel tötet Deutsche in den USA.« In: *Hamburger Abendblatt* 11.08.2010.

3 Hanna Kastendieck: »Hier unten.« In: *Hamburger Abendblatt* 17.11.2010.

4 Zitiert nach Klaus P. Fischer: *Schicksal in Theologie und Philosophie,* Darmstadt 2008, S. 37.

5 Romano Guardini: *Freiheit - Gnade - Schicksal.* Zitiert nach Fischer, *Schicksal in Theologie und Philosophie*, S.17.

6 Elizabeth Gilbert: *Eat, Pray, Love. Eine Frau auf der Suche nach allem quer durch Italien, Indien und Indonesien*. Berlin 2007, S. 259 f.

7 »Dietmar Bär und die Lust auf Genuss.« In: *Brigitte Woman* 12/2010, S. 58.

8 »Alles verjubelt, aber glücklich.« In: *Hamburger Morgenpost* 18.08.2010, S. 45.

9 Jan Cederquist: *Die Magie des Zufalls*, München 2010, S. 154.

10 Anne-Bärbel Köhle: »Zukunftsangst: Das allgegenwärtige Gefühl.« In: *Brigitte Woman* 11/09, S. 123.

11 Lao-Tse: *Tao Te King*. München 1995, S. 133.

12 Ebd., S. 183.

13 Kay Pollak: *Für die Freude entscheiden. Gebrauchsanweisung für ein glücklicheres Leben.* München 2008, S. 91 f.

14 Rafaela von Bredow, Johann Grolle: »Wir wissen nichts. Spiegel-Gespräch mit Craig Venter.« *Der Spiegel* 26/2010, S. 127 - 129.

15 Bruce H. Lipton : *Intelligente Zellen. Wie Erfahrungen unsere Gene steuern*. Burgrain 2006, S. 67.

16 James Hillman, *Charakter und Bestimmung.* München 1998, S. 48.

17 Ebd., S. 17.

18 Experiment zitiert nach Geoff Colvin: *Talent wird überschätzt. Welche Erfolgsfaktoren wirklich zählen.* München 2008, S. 37 f.

19 K. Anders Ericsson, *The Road to Excellence: The Acquisition of Expert Performance in the Arts and Sciences, Sports, and Games.* Mahwah 1996.

20 Nach Colvin, S. 215.

21 Ebd., S. 95.

22 Oliver Kahn: *Ich. Erfolg kommt von innen.* München 2008, S. 214 f.

23 Verena Töpfer: »Glatteis-Opfer im Rollstuhl.« In: *Hamburger Abendblatt* 2.8.2010, S. 9.

24 Ben Sherwood: *Wer überlebt? Warum manche Menschen in Grenzsituationen überleben, andere nicht.* München 2009, S. 36.

25 Ebd. S. 45.

26 Boris Grundl: *Steh auf! Bekenntnisse eines Optimisten*, Berlin 2008, S. 19f.

27 Ebd., S.21 f.

28 Arno Luik im Gespräch mit Anna King: »O Gott! Nicht ich! Nicht mein Kind! Das kann doch nicht wahr sein!« In: *STERN* 53/09 S. 80 - 86.

29 Grundl, S. 69.

30 Viktor Frankl, ... *trotzdem Ja zum Leben sagen: Ein Psychologe erlebt das Konzentrationslager*, München 1998, S. 126.

31 Ebd., S. 110f.

32 Mitch Albom: *Dienstags bei Morrie. Die Lehre eines Lebens.* München 1998, S. 21.

33 Sherwood, S. 76 f.

34 Rüdiger Nehberg: *Sir Vival blickt zurück. Resümee eines extremen Lebens.* München 2010, S. 41.

35 Gavin De Becker: *Mut zur Angst. Wie Intuition uns vor Gewalt schützt.* Frankfurt a. M. 1999.

36 Ebd., S. 82 f.

37 Amanda Ripley: *Survive. Katastrophen – wer sie überlebt und warum.* Frankfurt a.M. 2009, S. 135 f.

38 »Schwarze Gedanken«. In: *Der Spiegel* 31/10, S. 99 f.

39 Gary Emery & James Campbell: *Rapid Relief from Emotional Distress. A new, clinical proven method for getting over depression and emotional problems without prolonged or expensive therapy.* New York 1986).

40 Peter H. Ludwig: *Sich selbst erfüllende Prophezeiung im Alltag.* Stuttgart 1991, S.38 f.

41 Daniel Goleman: *Soziale Intelligenz. Wer auf andere zugehen kann, hat mehr vom Leben.* München 2006, S. 102 f.

42 Ebd., S. 70.

43 Ludwig, S. 64.

44 Martin Seligman: *Der Glücks-Faktor. Warum Optimisten länger leben.* Köln 2005.

45 Wiseman, Richard: *So machen Sie Ihr Glück. Wie Sie mit einfachen Strategien zum Glückspilz werden.* München 2004, S. 88 - 90.

46 Marc Pitzke: »US-Hedgefonds-Star John Paulson. Die unglaubliche Unschuld eines Wall-Street-Genies.« *Spiegel Online*, 26.4.2010. http://www.spiegel.de/wirtschaft/unternehmen/0,1518,691179,00.html.

47 Alfie Kohn: *Mit vereinten Kräften. Warum Kooperation der Konkurrenz überlegen ist.* Weinheim/Basel 1989, S. 25f.

48 Linda Kaplan Thaler und Robin Koval: *The Power of Nice. Wie Sie die Welt mit Freundlichkeit erobern können.* München 2008, S. 20.

49 Ebd., S. 21)

50 Malcolm Gladwell: *Blink! Die Macht des Moments.* Frankfurt/New York 2005, S . 40.

51 Andrea Benda: »Wie lange wartet ein Lächeln?« In: *Brigitte* 19/09. S. 71 - 74.

Register